古典文獻研究輯刊

三九編

潘美月・杜潔祥 主編

第56冊

傳統中國：江南學專輯（下）

司馬朝軍　主編

國家圖書館出版品預行編目資料

傳統中國：江南學專輯（下）／司馬朝軍　主編 -- 初版 --
新北市：花木蘭文化事業有限公司，2024〔民 113〕
目 2+146 面；19×26 公分
（古典文獻研究輯刊 三九編；第 56 冊）
ISBN 978-626-344-976-3（精裝）
1.CST：區域研究 2.CST：文集 3.CST：中國
011.08　　　　　　　　　　　　　　　　113009892

ISBN-978-626-344-976-3

9 786263 449763

古典文獻研究輯刊
三九編　第五六冊　　　　ISBN：978-626-344-976-3

傳統中國：江南學專輯（下）

主　　編　司馬朝軍
總 編 輯　杜潔祥
副總編輯　楊嘉樂
編輯主任　許郁翎
編　　輯　潘玟靜、蔡正宣　美術編輯　陳逸婷
出　　版　花木蘭文化事業有限公司
發 行 人　高小娟
聯絡地址　235 新北市中和區中安街七二號十三樓
　　　　　電話：02-2923-1455／傳真：02-2923-1452
網　　址　http://www.huamulan.tw 信箱 service@huamulans.com
印　　刷　普羅文化出版廣告事業
初　　版　2024 年 9 月
定　　價　三九編 65 冊（精裝）新台幣 175,000 元　　版權所有 · 請勿翻印

傳統中國：江南學專輯（下）

司馬朝軍　主編

目

次

上 冊

讀《明史・葉盛傳》——明代士大夫的又一種
典型　李慶 ……………………………………… 1

族譜學對江南文化史研究的意義——以全祖望
《重修全氏族譜》為例　詹海雲 …………… 11

頗具特色的衢州古代醫學（提綱）　吳錫標……… 25

汪道昆與徽州文化史的「開元盛世」　耿傳友…… 27

《日知錄》簡論　司馬朝軍 ………………………… 45

明代文化世家的地域文獻生產意圖與動因
李玉寶、周瀟 ……………………………………… 67

求學・藏書・著述——清代大藏書家張金吾的
書香人生　林存陽 ……………………………… 79

于敏中致陸錫熊五十六札　許雋超 …………… 95

李慈銘《沅江秋思圖序》本事考　張桂麗 ……… 119

《南村輟耕錄》輯錄的松江民俗文獻及其價值
胡薇、戴建國 …………………………………… 133

史部時令類與子部農家類淵源流變考　劉全波、
代金通 …………………………………………… 143

下　冊

論先秦儒家的刑罰觀——以叔向、《論語》、
　　《孟子》、《荀子》的刑罰觀為中心　龐光華……159

嘉定私派案真相探析——以趙俞為中心的考察
　　李春博 …………………………………………177

《經義考》卷六十一著錄易類典籍辯證　陳開林…195

《經傳釋詞》引「某氏《傳》」考　王文暉………229

南京圖書館藏黃易佚著《武林訪碑錄》研究
　　朱琪、吳睿………………………………………243

梁漱溟晚年對鄉村建設運動及其自身思想的評價
　　周春健……………………………………………257

作為中國哲學方法的「訓詁」——張豐乾《訓詁
　　哲學：古典思想的辭理互證》述評　楊青華……269

《莊子》醜怪審美視閾下的古典繪畫創作——
　　以怪誕人物圖、枯木圖為中心　朱玉婷…………279

常州家譜所見張惠言佚文三篇　張宏波、王洪……295

論先秦儒家的刑罰觀——以叔向、
《論語》、《孟子》、《荀子》的刑罰觀為中心

龐光華

　　戰國時代百家爭鳴。《尸子·廣澤》篇稱：「墨子貴兼，孔子貴公，皇子貴衷，田子貴均，列子貴虛，料子貴別，囿其學之相非也數世矣，而已皆弇於私也。」《尸子》說百家「己皆弇於私也」，這並非公論。百家爭鳴都是為了救世，並非出於私心。但《尸子》說百家各有自己的根本主張以相互批評，這卻是事實。《呂氏春秋·不二》稱：「老耽貴柔，孔子貴仁，關尹貴清，子列子貴虛，陳駢貴齊，陽生貴己，孫臏貴勢，王廖貴先，兒良貴後。」這些學術概括十分精準。在百家爭鳴的背景中誕生了一位傑出思想家荀子。荀子是我國文化史上最偉大的思想家和學者之一，也是極其偉大的批評家〔註1〕。《荀子》一書是非常傑出的學術文化名著，列於世界思想文化名著毫無愧色。從《荀子》開始，儒家思想與法家思想相雜糅。《荀子》不僅是儒家思想文化的巨著，也有明顯的法家色彩，其提倡的儒法互補而以儒為主的思想支配了兩千多年的封建政治。

〔註1〕　《漢書·藝文志》：「大儒孫卿及楚臣屈原離讒憂國，皆作賦以風，咸有惻隱古詩之義。」整部《藝文志》稱大儒的只有荀子一人。《文心雕龍·才略》：「荀況學宗，而象物名賦，文質相稱，固巨儒之情也。」《文心雕龍》稱荀子為「學宗」。戰國末期的儒家經典多由荀子學派所傳。唐朝韓愈稱《荀子》為「大醇小疵」尚不足以盡《荀子》之美。近代國學家章太炎《訄書》初刻本之《尊荀》論《荀子》之後王和法後王，恐不符合《荀子》原意。章太炎《訄書》重刻本和《檢論》都刪除此篇，改為《訂孔》，而《尊荀》與《訂孔》內容有天壤之別，並非僅是題目不同而已。參看《章太炎全集》之《訄書初刻本·訄書重刻本·檢論》（上海人民出版社，2014年）。

一、《左傳》叔向的刑罰思想

我國關於「刑罰」的思想和政治產生於上古，在夏朝以前已經存在。《尚書》中關於「刑」的記載甚多。例如《尚書・舜典》稱：「象以典刑，流宥五刑，鞭作官刑，撲作教刑，金作贖眚災肆赦，怙終賊刑。欽哉，欽哉，惟刑之恤哉！」裘錫圭先生《甲骨文中所見的商代五刑》〔註2〕研究了商代的五種刑。《尚書・周書》有周穆王時代的《呂刑》。西周以前稱述「刑」的地方很多，治國平天下，非有「刑」不可，只是不能專任刑罰。到了春秋時期，刑罰也廣泛得到施行。《左傳・僖公二十八年》：「晉侯有疾，曹伯之豎侯孺貨筮史，使曰：『以曹為解。齊桓公為會而封異姓，今君為會而滅同姓。曹叔振鐸，文之昭也。先君唐叔，武之穆也。且合諸侯而滅兄弟，非禮也。與衛偕命，而不與偕復，非信也。同罪異罰，非刑也。禮以行義，信以守禮，刑以正邪，捨此三者，君將若之何？』公說，復曹伯，遂會諸侯於許。」曹共公的親信侯孺賄賂晉國的筮史，請求他在晉文公面前為曹共公說好話，爭取釋放被晉國羈押的曹共公。雖是辯士之言，也頗合情理，所以晉文公同意釋放曾經無禮於己的曹共公。「同罪異罰，非刑也。禮以行義，信以守禮，刑以正邪」，這些理念正是春秋時代統治階層的比較普遍的觀念，體現了當時人們對「刑」的理解。

春秋時，鄭國的執政大臣子產〔註3〕為了整肅國政和社會的混亂，鑄造了刑書，屬行嚴酷的法治，受到晉國大臣叔向的嚴厲批判，從中可以叔向對於法家專任「刑罰」的批判態度和一些深刻思想。考《左傳・昭公六年》〔註4〕：

三月，鄭人鑄刑書。叔向使詒子產書，曰：「始吾有虞於子，今則已矣。昔先王議事以制，不為刑辟，懼民之有爭心也。猶不可禁禦，是故閑之以義，糾之以政，行之以禮，守之以信，奉之以仁，制為祿位以勸其從，嚴斷刑罰以威其淫。懼其未也，故誨之以忠，聳之以行，教之以務，使之以和，臨之

〔註2〕收入《裘錫圭學術文集》1，復旦大學出版社，2012年。另參看胡留元、馮卓慧《夏商西周法制史》（商務印書館，2009年版）第一編《夏商法律制度》第二章《犯罪、刑罰和監獄》第二節《刑罰》。

〔註3〕對子產行事記載最詳細的文獻就是《左傳》。馬驌《繹史》（劉曉東等點校，齊魯書社，2003年版）卷74《子產相鄭》收錄子產的資料甚詳，頗便於參考。張蔭麟《中國史綱》（收入《張蔭麟全集》上卷，清華大學出版社，2013年）第三章《霸國與霸業》第五節《鄭子產》一節對子產有討論，也只是一般性的敘述，非專門考論，而且沒有引述和討論叔向給子產的這封極為重要的信。

〔註4〕楊伯峻《春秋左傳注》（修訂本，中華書局，2016年版）1410～1414頁。

以敬，蒞之以強，斷之以剛。猶求聖哲之上，明察之官，忠信之長，慈惠之師，民於是乎可任使也，而不生禍亂。民知有辟，則不忌於上，並有爭心，以徵於書，而徼幸以成之，弗可為矣。夏有亂政而作《禹刑》，商有亂政而作《湯刑》，周有亂政而作《九刑》，三辟之興，皆叔世也。今吾子相鄭國，作封洫，立謗政，制參辟，鑄刑書，將以靖民，不亦難乎？《詩》曰：『儀式刑文王之德，日靖四方。』又曰：『儀刑文王，萬邦作孚。』如是，何辟之有？民知爭端矣，將棄禮而徵於書。錐刀之末，將盡爭之。亂獄滋豐，賄賂並行，終子之世，鄭其敗乎！肸聞之，國將亡，必多制，其此之謂乎！」復書曰：「若吾子之言，僑不才，不能及子孫，吾以救世也。既不承命，敢忘大惠？」

　　要注意的是孔子的《春秋經》對這年子產鑄刑書的事沒有提及，更沒有發表評論。倒是晉國大臣叔向致信子產，反對子產「鑄刑書」，專任刑罰，而放棄禮治，叔向有明顯的儒家傾向。叔向的觀點非常深刻。主要內容概括如下：

　　1. 先王「議事以制」，即評估事情的性質輕重來做裁斷〔註5〕，不依靠刑罰來治理國家，即「不為刑辟」，因為先王「懼民之有爭心也」。「爭」當訓為「爭訟」。

　　2. 光靠評估或民主討論和決策還不夠，還需要「閑之以義，糾之以政，行之以禮，守之以信，奉之以仁」，多管齊下，才能有效地治理民眾。「閑」是防閑、限制的意思。

　　3. 還要「制為祿位以勸其從」，對民眾要用榮華富貴來鼓勵其順從政府。

　　4. 還要「嚴斷刑罰以威其淫」，對於太過分的行為和放縱的行為，要用「嚴斷刑罰」來制裁。

　　5. 還要「誨之以忠，聳之以行，教之以務，使之以和，臨之以敬，蒞之以強，斷之以剛」，對人民進行教育和引導，還要以身作則，要有領導人以和藹的態度來差遣人民，以恭敬的態度來對待人民，以威權來管理人民，以剛毅的態度來決斷事情。

　　6. 同時「猶求聖哲之上，明察之官，忠信之長，慈惠之師」，要有賢明的

〔註5〕　《左傳》此言的意思不是靠民主討論，集思廣益來制定政策和處理事務，因此此言並不包含民主討論的思想。「議」通「儀」，訓「度」。「制」訓「斷」。參看吳靜安《春秋左氏傳舊注疏證》（華東師範大學出版社，2005年）二946頁。如果「議」是如字，則此言有民主討論後做決定的意思。

君王或執政大臣、辦事幹練的官員、有德行的長者、仁慈有智慧的明師來教育啟發和引導民眾，這樣人民才會順從政府的命令。

7. 叔向還提出一個有意義的思想：如果人民知道有法律作為最高權威，完全依靠法律來行事，那麼人民就會引證《刑書》來對抗國君和政府官員，並與政府相抗爭，希求達到自己的目的。這樣一來，人民就不可能得到政府的有效管理。即《左傳》「民知有辟，則不忌於上，並有爭心，以徵於書〔註6〕，而徼幸以成之，弗可為矣。」〔註7〕叔向這裡指出了如果一切按照法律行事，那麼民眾就會用法律條文來對抗政府的行政管理，產生很爭訟的想法，心存僥倖來達到自己的私欲。

8. 叔向還指出：「夏有亂政而作《禹刑》，商有亂政而作《湯刑》，周有亂政而作《九刑》，三辟之興，皆叔世也。」夏、商、西周三代制作刑罰，都是在混亂的末世。「辟」就是刑罰。

9. 叔向批評子產「嚴斷刑罰」不能治理民眾。亂世用重典不能安民。

10. 叔向認為「民知爭端矣，將棄禮而徵於書（即《刑書》）。錐刀之末，將盡爭之。」這段話的思想非常重要。叔向明確認為刑罰與禮義道德相對立，完全以刑罰作為行事的指南，那麼民眾會放棄禮義道德，只要不犯法的事都會拼命去追逐每一個細微的利益，不顧道義廉恥（即「錐刀之末，將盡爭之」〔註8〕）。民眾因而將喪失道義感、羞恥心等等，只會唯利是圖。《晉書·阮種傳》：「若廉恥不存，而惟刑是御，則風俗凋弊，人失其性，錐刀之末，皆有爭心，雖峻刑嚴辟，猶不勝矣。」這段話正可為叔向之言作注解。叔向的

〔註6〕 這是專指子產鑄造的《刑書》。

〔註7〕 叔向的這點思想有點類似近代日本在頒布《民法》後，日本有著名法學家穗積陳重發表了《民法出忠孝亡》一文，稱：《民法》出，則忠孝亡。這也是認為法律與道德相對立，法律可能破壞道德。這個觀點是深刻的。

〔註8〕 《左傳》「錐刀之末」猶言「錐刀之小利」。杜預注：「錐刀，喻小事也。」「錐刀」乃是說很小的利益。《漢書·刑法志》引叔向此文：「錐刀之末，將盡爭之。」顏師古曰：「喻微細。」《後漢書·輿服志上》：「爭錐刀之利，殺人若刈草然。」錐刀之利，即細微之利。《晉書·衛瓘傳》：「人棄德而忽道業，爭多少於錐刀之末，傷損風俗，其弊不細。」言細微之末利。《梁書·武帝本紀》：「風流遂往，馳騖成俗，媒孽誇炫，利盡錐刀。」連錐刀末利也要貪婪。而《呂氏春秋·下賢》稱：「錐刀之遺於道者，莫之舉也。」《韓非子·外儲說左上》：「子產為政，國無盜賊，錐刀遺道，三日可反。」《呂氏春秋》、《韓非子》都將《左傳》此文解釋為子產法治的結果是「路不拾遺」，這是正確的。另參看吳靜安《春秋左氏傳舊注疏證》（華東師範大學出版社，2005年）二952頁。

這個見解可以說極為深刻。

11. 叔向認為刑罰太嚴苛，容易導致「亂獄滋豐，賄賂並行」。叔向的這個見解也很重要，認為刑罰嚴酷，會導致很多冤假錯案，並且民眾為了免於亂獄，會因此而行賄。刑罰刻毒會產生「賄賂並行」，這是很獨到的思想：刑罰太重，犯人會行賄官員，以逃避懲罰。叔向於是預言「終子之世，鄭其敗乎！」

12. 叔向還指出：「國將亡，必多制。」國家要滅亡的一大徵兆就是國家的政治制度和法制措施繁雜細苛，人民難以遵從，甚至難以忍受〔註9〕。這既是對法家的批判，也是戰國時代的黃老思想無為而治的發端。

以上十二點，是叔向的主要思想。可知叔向是春秋時代極為偉大的政論家，他對子產一斷於法的批判十分睿智深刻，敏銳地指出了法家的局限。我們可以說整個春秋戰國時代沒有人能夠如同叔向一樣深刻認識到法家的缺點和危害，後來的孔子、孟子都沒有如此深刻地批判過法家。叔向的論述在深度上也遠遠超過《史記·商君列傳》中的太史公對商君的批判。但子產拒絕叔向的勸告，堅持自己的法治理念是「吾以救世也」〔註10〕。《左傳·昭公十六年》子產對富子發脾氣，稱：「辟邪之人而皆及執政，是先王無刑罰也。」《左傳·昭公二十五年》鄭國的子大叔依據子產的觀點對趙簡子稱說刑罰和仁政，有曰：「為刑罰、威獄，使民畏忌，以類其震曜殺戮；為溫慈、惠和，以傚天之生殖長育。」〔註11〕則制作「刑罰威獄」是效法大自然的「震曜殺戮」。但同時也主

〔註9〕 杜預注「多制」為「數改法」。不確。今不取杜說。洪亮吉《春秋左傳詁》（中華書局點校本，李解民點校，2004年版）673頁、吳靜安《春秋左氏傳舊注疏證》（華東師範大學出版社，2005年）二953頁對此無說。考《資治通鑑》（中華書局點校本，2011年版。1876頁）卷五十七的臣光曰，司馬光引述了叔向的「國將亡，必多制」，然後說：「凡中外之臣，有功則賞，有罪則誅，無所阿私，法制不煩，而天下大治。」則司馬光也是將「多制」解釋為「法制煩瑣」，並非多次變法。

〔註10〕 法家自稱為救世主義者，其實儒家也是救世主義者。《冊府元龜》卷四十九：「文帝黃初二年正月詔曰：昔仲尼資大聖之才，懷帝王之器，當衰周之末，無受命之運。在魯衛之朝教化乎洙泗之上，棲棲焉、遑遑焉，欲屈己以存道，貶身以救世於時。王公終莫能用之。」又見魏宏燦《曹丕集校注》（安徽大學出版社，2009年）138頁，題為《追崇孔子詔》。胡適《中國哲學史大綱》（收入姜義華主編《胡適學術文集·中國哲學史》上冊，中華書局，1991年）第四篇《孔子》第二章《孔子的時代》：「積極的救世派。孔子對於以上兩派，都不贊成。他對於那幾個避世的隱者，雖很原諒他們的志趣，終不贊成他們的行為。所以他批評伯夷、叔齊……柳下惠、少連諸人的行為。」

〔註11〕 見楊伯峻《春秋左傳注》（修訂本，中華書局，2016年版）1621頁。

張政治要「溫慈惠和」，這事要有仁政。所以春秋時代的法家與戰國時代的商鞅、韓非不同，沒有刻薄寡聞，沒有過度嚴苛。所以叔向批判子產，沒有批判其「刻薄寡恩」，那是因為子產與後來的商鞅不同，對民眾並非刻薄寡恩。從《昭公二十五年》的記載來看，子產同時也重視「禮」，並非完全以「刑罰」代替「禮儀」。子大叔對趙簡子說：「吉也聞諸先大夫子產曰：『夫禮，天之經也，地之義也，民之行也。』天地之經，而民實則之。」〔註12〕子產也沿襲了各種古禮，所以與純粹的一斷於法的法家有所不同〔註13〕。

二、《論語》的刑罰思想

《論語‧子路》有一段名言，子路曰：「衛君待子而為政，子將奚先？」子曰：「必也正名乎！」子路曰：「有是哉，子之迂也！奚其正？」子曰：「野哉由也！君子於其所不知，蓋闕如也。名不正，則言不順；言不順，則事不成；事不成，則禮樂不興；禮樂不興，則刑罰不中；刑罰不中，則民無所措手足。故君子名之必可言也，言之必可行也。君子於其言，無所苟而已矣。」

在孔子的思想中，治理國家最重要的是「正名」，只有在「正名」之後才能「言順」，其後有「事成」，其後有「禮樂興」，其後有「刑罰中」。孔子也認識到只有「刑罰中」，人民才會有自覺的行為規範，應該說孔子還是意識到刑罰的重要性。但又認為「刑罰中」必須要有一些前提條件，要從「正名」開始。《論語》關於「刑罰」的論述僅止於此。而且孔子也認為以「刑罰」治國有明顯的局限性。考《論語‧為政》子曰：「道之以政，齊之以刑，民免而

〔註12〕見楊伯峻《春秋左傳注》（修訂本，中華書局，2016 年版）1620 頁。
〔註13〕《左傳‧襄公三十一年》：「子產之從政也，擇能而使之。馮簡子能斷大事，子大叔美秀而文，公孫揮能知四國之為，而辨於其大夫之族姓、班位、貴賤、能否，而又善為辭令，裨諶能謀，謀於野則獲，謀於邑則否。鄭國將有諸侯之事，子產乃問四國之為於子羽，且使多為辭令。與裨諶乘以適野，使謀可否。而告馮簡子，使斷之。事成，乃授子大叔使行之，以應對賓客。是以鮮有敗事。北宮文子所謂有禮也。」從此可知子產善於用人，並不事事都斷於法，且重視外交和辭令，這與戰國法家反對縱橫家（即外交家）完全不同（如《韓非子‧五蠹》視縱橫家為五蠹之一）。所以北宮文子稱為「有禮」，子產施政符合西周春秋的禮文化。《襄公三十一年》記載子產不毀鄉校，孔子評論道：「以是觀之，人謂子產不仁，吾不信也。」因此，在孔子的眼中，子產也不是純粹的法家，因為戰國的法家堅決反對儒家的「仁」。如《商君書‧說仁》：「慈仁，過之母也。」《商君書‧畫策》：「仁者能仁於人，而不能使人仁；義者能愛於人，而不能使人愛。是以知仁義之不足以治天下也。」《韓非子‧五蠹》：「行仁義者非所譽，譽之則害功。」類例甚多。

無恥；道之以德，齊之以禮，有恥且格〔註14〕。」孔子認為治理人民如果完

〔註14〕 《論語》此文中的「免」訓「逃避、避免」，後面往往接不吉利意思的詞；考
《論語・公冶長》子謂南容：「邦有道，不廢；邦無道，免於刑戮。」《左傳・
莊公二十二年》：「及於寬政，赦其不閒於教訓而免於罪戾。」稱「免於罪戾」。
《左傳・桓公六年》：「君姑修政而親兄弟之國，庶免於難。」稱「免於難」。
《左傳・莊公二十三年》：「若免於罪，猶有先人之敝廬在，下妾不得與郊弔。」
稱「免於罪」。《左傳・襄公二十六年》：「懼不免於戾。」稱「免於戾」。《易經・
解卦》象辭：「險以動，動而免乎險。」稱「免乎險」。《尚書・冏命》：「思免
厥愆。」稱「免厥愆」。《禮記・鄉飲酒義》：「斯君子所以免於人禍也。」稱「免
於人禍」。《孟子・梁惠王上》：「是故明君制民之產，必使仰足以事父母，俯足
以畜妻子，樂歲終身飽，凶年免於死亡。」稱「免於死亡」。《孟子・告子下》：
「免死而已矣。」稱「免死」。《莊子・人間世》：「方今之時，僅免刑焉！」稱
「免刑」。《戰國策・齊策四》：「狡兔有三窟，僅得免其死耳。」《戰國策・秦
策四》：「免於國患，大利也。」《戰國策・秦策五》：「趙王曰：前日秦下甲攻
趙，趙略以河間十二縣，地削兵弱，卒不免秦患。」《戰國策・趙策一》：「然
則韓可以免於患難。」《為政》的「免」就是《公冶長》「免於刑戮」的意思，
或「免於難」、「免於罪」、「免於人禍」、「免死」、「免乎險」。再如《戰國策・
燕策二》：「齊王逃遁走莒，僅以身免。」（見何建章《戰國策注釋》1160 頁，
中華書局，2011 年版。即樂毅《報燕惠王書》）。還有「不免」。如《左傳・僖
公十五年》：「秦伯曰：『國謂君何？』對曰：『小人慼，謂之不免。君子恕，以
為必歸』。」這裡的「不免」就是「不免於死」或「不免於禍」。晉惠公背秦國
之恩德，恩將仇報，與秦穆公大戰於韓原，卻被秦軍所虜獲，晉國一部分人認
為晉惠公忘恩負義，咎由自取，會被秦穆公處死於秦國，這就是「謂之不免」。
《左傳・定公十三年》史鰍曰：「無害。子臣，可以免。富而能臣，必免於難，
上下同之。」前單說「免」，後說「必免於難」，前面的「免」就是「免於難」
之義。《左傳》「不免」一詞甚多，都是「不免於禍」之義。上古漢語常常有這
樣的縮略語，參看陳偉武《商代甲骨文中的縮略語》、《兩周金文中的縮略語》、
《出土戰國秦漢文獻中的縮略語》（均收入陳偉武的學術論文集《愈愚齋磨牙
集》，中西書局，2014 年）；龐光華等《尚書新考三篇》（見《揚州大學學報》
2017 年第 6 期）。楊逢彬教授《論語新注新譯》（北京大學出版社，2016 年）
17 頁的注釋已經指明先秦典籍中單獨的一個「免」字多是「免罪、免刑、免
禍」的意思，先於我而發，本文為考證而收集了具體的例證。剛讀到臺灣學者
梅廣《上古漢語語法綱要》（上海教育出版社，2018 年 10 月）第九章《論元
結構（1）》（369～370 頁），對上古漢語的「免」字的語法功能略有論述：「免
官這個施動用法是戰國晚期才興起的。在這以前，『免』是免於災難的意思，
是不及物狀態動詞。又有致動用法：使免於災難（又發展出赦免及其他免除的
引申義）。」「格」讀為「恪」或「愙」，訓「敬」。朱駿聲《說文通訓定聲》（中
華書局，1998 年版。460 頁）在解釋「有恥且格」時，稱「格」通假為「愙」。
《說文》：「愙，敬也。」王引之《經義述聞》（鳳凰出版社，2013 年版。455
～456 頁）卷十九《陟恪》條討論了「恪」與「格」相通的問題。《經義述聞》
提到《論語》「有恥且格」，《漢山陽太守祝睦碑》「格」作「恪」。更考《漢書・
貨值傳》正作：「道之以德，齊之以禮，故民有恥而且敬。」班固正是訓「格」

全依靠政令和刑罰，人民的行為就將是只為了逃避政令的處分和刑罰的嚴懲。只有用德和禮去引導教化人民，人民才會有羞恥心和敬畏心。顯然，孔子認為在治國安民方面，德和禮重視教化與感化，收服人心，遠比嚴厲和強制性的政刑要重要。孔子說的「齊之以刑，民免而無恥」，事實上是認為專任刑罰治國會導致人民喪失禮義道德，與叔向的觀點相同。《論語‧公冶長》子謂南容：「邦有道，不廢；邦無道，免於刑戮。」孔子認識到在國家無道之時，刑罰可能會傷及無辜，他主張不要被刑罰誤傷，要善於保全自己。《公冶長》：「子謂公冶長：『可妻也。雖在縲絏之中，非其罪也。』以其子妻之。」可注意的是孔子在此不認為刑罰是絕對公正的，他就認為公冶長是被刑罰冤枉了的，是無辜受罰，孔子同情公冶長，以自己的女兒嫁給了他。《論語‧子路》子曰：「先有司，赦小過，舉賢才。」這是孔子關於「刑罰」的思想，要「赦小過」，與商鞅「小過重罰」的法家思想不同。

　　《論語‧子路》有一段話可以表明孔子思想與戰國法家的巨大區別。《子路》：「葉公語孔子曰：『吾黨有直躬者，其父攘羊，而子證之。』孔子曰：『吾黨之直者異於是。父為子隱，子為父隱，直在其中矣』。」孔子強調「父為子隱，子為父隱，直在其中矣」，這是儒家親親的觀念，以親情而枉法。而《韓非子‧五蠹》：「楚之有直躬，其父竊羊而謁之吏，令尹曰：『殺之』，以為直於君而曲於父，報而罪之。以是觀之，夫君之直臣，父之暴子也。魯人從君戰，三戰三北，仲尼問其故，對曰：『吾有老父，身死莫之養也。』仲尼以為孝，舉而上之。以是觀之，夫父之孝子，君之背臣也。故令尹誅而楚奸不上聞，仲尼賞而魯民易降北。」《韓非子》鮮明地指出孔子提倡的孝道違反國家法律，會危害國家的利益，導致「魯民易降北」。

三、《孟子》的刑罰思想

　　孟子主張仁政，寬以待民，執政者應該「省刑罰」。《孟子‧梁惠王上》孟子對梁惠王曰：「地方百里而可以王。王如施仁政於民，省刑罰，薄稅斂，深耕易耨。壯者以暇日修其孝悌忠信，入以事其父兄，出以事其長上，可使制梃以撻秦楚之堅甲利兵矣。彼奪其民時，使不得耕耨以養其父母，父母凍餓，兄

為「敬」，則班固明顯認為「格」讀為「恪」。楊逢彬教授《論語新注新譯》17頁訓「格」為「來」不妥。楊逢彬此書和楊樹達《論語疏證》（上海古籍出版社，2006年）37～40頁都沒有注意到《說文通訓定聲》和《經義述聞》的解釋，也忽視了《漢書‧貨殖傳》。

弟妻子離散。彼陷溺其民，王往而徵之，夫誰與王敵？故曰：『仁者無敵。』王請勿疑！」這是《孟子》對於「刑罰」的主要觀點，即要想民眾歸附，必須「省刑罰」，這與「薄稅斂」同樣重要。《孟子·梁惠王上》孟子回答梁惠王說：「無恆產而有恒心者，惟士為能。若民，則無恆產，因無恒心。苟無恒心，放辟邪侈〔註15〕，無不為已。及陷於罪，然後從而刑之，是罔民也。焉有仁人在位罔民而可為也？」則孟認為對於因為沒有恆產而犯罪的民眾施用刑罰，就是「罔民」〔註16〕。可見孟子認為用刑罰懲處犯罪之民並非都是正義的，還要考慮民眾犯罪的原因。孟子實際上認為人民的貧困是由君王造成的。如果人民因為貧困不能生存而違法犯罪，那麼對於這樣的民眾犯罪，君王是有責任的。如果君王因此而嚴懲民眾，那就是「欺民」（即罔民）。孟子的這種民本主義的思想十分可貴，有高度的現代性，與美國富蘭克林·羅斯福總統說的「民眾有免於貧困的自由」基本一致。《孟子·滕文公下》：「民大悅。《書》曰『徯我後，後來其無罰』。」則明顯是對嚴刑峻法的批判，引用《尚書》稱民眾希望沒有刑罰。孟子對「刑罰」的認識完全是基於儒家的仁政主義，在一定程度上否定了法律的絕對權威。因此，《孟子》一書的精神與法家思想基本上是衝突的〔註17〕，是純粹的儒家思想。

四、《荀子》的刑罰思想

儒家發展到了《荀子》，順應時代的進步，有了較大的變化，《荀子》的思想十分通達，已經能夠融合法家的思想，意識到「刑罰」的意義而不是完全予

〔註15〕依據趙岐注，「放辟邪侈」當讀為「放、闢、邪、侈」。

〔註16〕趙岐注《孟子》訓「罔民」為「張羅網以罔民」。則是訓「罔」為「羅網」。焦循《孟子正義》（中華書局點校本，1996 年版。沈文倬點校）94 頁與趙岐同，以「罔」同「網」。楊逢彬《孟子新注新譯》（北京大學出版社，2017 年）32 頁與焦循同，訓「罔」同「網」，即「陷害」。今按，眾說皆非。「罔」訓「欺」，「罔民」即「欺民」。《詩經·節南山》：「勿罔君子。」朱熹《詩集傳》：「罔，欺也。」《資治通鑒·漢紀二十三》：「不可罔以非類。」胡三省注：「罔，欺也。欺人以所無曰罔。」《資治通鑒·齊紀十》胡三省注：「以非道欺人謂之罔。」《春秋繁露·五行順逆》：「欺罔百姓。」「欺」與「罔」同義。《前漢紀·宣帝紀》卷十七：「久不敢欺罔，則民從化。」《資治通鑒》頗多「欺罔」一詞。「欺」與「罔」同義。

〔註17〕法家有一個重要的主張是提倡耕戰，鼓勵戰爭。而《孟子·離婁上》稱：「爭地以戰，殺人盈野；爭城以戰，殺人盈城。此所謂率土地而食人肉，罪不容於死。故善戰者服上刑。」《孟子》的反戰的和平主義和仁政主義，與法家的耕戰思想完全對立。

以拒斥。

《荀子・王制》：「請問為政？曰：賢能不待次而舉，罷不能不待須而廢，元惡不待教而誅，中庸不待政而化。分未定也，則有昭繆。雖王公士大夫之子孫也，不能屬於禮義，則歸之庶人。雖庶人之子孫也，積文學，正身行，能屬於禮義，則歸之卿相士大夫。故奸言，奸說，奸事，奸能，遁逃反側之民，職而教之，須而待之，勉之以慶賞，懲之以刑罰。」《荀子》雖然不特別看重「刑罰」，但不抹殺「刑罰」的懲戒作用。

《王制》：「知強大者不務強也，慮以王命，全其力，凝其德。力全則諸侯不能弱也，德凝則諸侯不能削也，天下無王霸主，則常勝矣：是知強道者也。彼霸者則不然：闢田野，實倉廩，便備用，案謹募選閱材伎之士，然後漸慶賞以先之，嚴刑罰以糾之。存亡繼絕，衛弱禁暴，而無兼並之心，則諸侯親之矣。修友敵之道，以敬接諸侯，則諸侯說之矣。所以親之者，以不並也；並之見，則諸侯疏矣。所以說之者，以友敵也；臣之見，則諸侯離矣。故明其不並之行，信其友敵之道，天下無王霸主，則常勝矣。是知霸道者也。」《荀子》並不否定「霸道」，《荀子》認為「霸道」雖然不及「王道」，但勝過「強道」。這段話對「霸者」頗有讚賞。《荀子》的對於「霸道、霸者」的觀點明顯不同於《孟子》。《王制》論王者之法的特點是「析願禁悍，而刑罰不過」。主張「刑政平」〔註18〕，「刑罰」不可濫用，要適中，不能過分，這完全不同於《商君書》一味採用嚴刑峻法，來實施所謂的「以刑止刑」。

《富國》篇主張先王聖人也要「眾人徒，備官職，漸慶賞，嚴刑罰，以戒其心。」《富國》還說：「故不教而誅，則刑繁而邪不勝；教而不誅，則奸民不懲；誅而不賞，則勤厲之民不勸；誅賞而不類〔註19〕，則下疑俗險而百姓不一〔註20〕。」對「刑罰」與「教育、勸賞」的關係做了辨正的論述，十分精彩，既指出了「不教而誅，則刑繁而邪不勝」，也指出「教而不誅，則奸民不懲」，「刑罰」對於整治奸民是完全必要的。而且不能只有「刑罰」，還要有「勸賞」來作鼓勵，「誅賞」必須公正合理，否則後果嚴重，會導致在下之人對權力者不信任，民俗會變得邪惡，百姓沒有統一的行為標準。要注意的

〔註18〕 亦見《荀子・王制》。
〔註19〕 「不類」的意思是不善、不法、不合理。參看龐光華《論語「有教無類」新解》，見《古籍整理研究學刊》2017 年第 1 期。
〔註20〕 「險」當訓「邪」。《廣雅》：「險，衰也。」《玉篇》：「險，邪也。」「不一」的意思是沒有統一的行為規範。

是《荀子》提出了對奸民不僅要教育，也要「威乎刑罰」〔註21〕，還需要誅罰，否則無法制止奸民。這就避免了「教育萬能」的極端思想，也不同於《孟子》「人皆可以為堯舜」的思想，事實上是認為很多邪惡是教育改變不了的，所以必須誅罰。這個思想顯然是正確的。

《王霸》篇有一段議論很重要：「故明主好要，而闇主好詳；主好要則百事詳，主好詳則百事荒。君者，論一相，陳一法，明一指，以兼覆之，兼照之，以觀其盛者也。相者，論列百官之長，要百事之聽，以飾朝廷臣下百吏之分，度其功勞，論其慶賞，歲終奉其成功以傚於君。當則可，不當則廢。故君人勞於索之，而休於使之。」這是強調君主不可凡事親為，應善於掌握關鍵，善於用人，尤其是要善於任用賢能的宰相。國家的法律也是如此，不可太煩碎，「刑罰雖繁，令不下通」。

《強國》篇將「威」分為三等「有道德之威者，有暴察之威者，有狂妄之威者」：其中的「暴察之威者」是「其禁暴也察，其誅不服也審，其刑罰重而信，其誅殺猛而必」。其實「道德之威」是儒家，「暴察之威」是法家，在《荀子》的價值觀中，儒家之威勝過法家之威，但法家之威勝過「狂妄之威」，因此，《荀子》並不否定法家之威，只不過認為法家之威不是治國的最高境界而已。《荀子》肯定了法家「其禁暴也察，其誅不服也審，其刑罰重而信，其誅殺猛而必」，這些都有其必要性，是不能否定的。

《議兵》篇作為儒家卻充分肯定秦國的法治主義：「秦人其生民郟阨，其使民也酷烈，劫之以埶，隱之以阨，忸之以慶賞，酋之以刑罰〔註22〕，使天下之民，所以要利於上者，非鬥無由也。阨而用之，得而後功之，功賞相長也，五甲首而隸五家，是最為眾強長久，多地以正，故四世有勝，非幸也〔註23〕，數也。」據唐朝楊倞注，四世是指的秦孝公、秦惠王、秦武王、秦昭王〔註24〕。這段話有的地方比較難以理解，但無論前人的訓詁如何，都是認為《荀子》此言是對秦國法治的讚美，認為正是秦國厲行法治，才使得秦國連續四代君王都能不斷獲取勝利，這並非僥倖，而是有其必然性。當然《荀

〔註21〕 見《荀子・富國》。

〔註22〕 酋訓逼迫。參看王天海《荀子校釋》（上海古籍出版社，2005 年）614～615 頁所引日本學者物雙松之說。

〔註23〕 「幸」訓僥倖。

〔註24〕 見王先謙《荀子集解》（中華書局點校本，2016 年）322～323 頁。王天海《荀子校釋》（上海古籍出版社，2005 年）607～616 頁。

子》認為秦軍雖然強於魏國和齊國，但還是不如齊桓公和晉文公有「節制」的軍隊，齊桓公晉文公的軍隊雖然有「節制」，但也不如湯武的仁義之師，這就回歸到了儒家「仁者無敵」的理念〔註25〕。《強國》篇記載了荀子對秦國丞相應侯范雎讚歎秦國由於實施了法治主義而帶來的美好社會：「應侯問孫卿子曰：入秦何見？孫卿子曰：其固塞險，形埶便，山林川谷美，天材之利多，是形勝也。入境，觀其風俗，其百姓樸，其聲樂不流污，其服不佻，甚畏有司而順，古之民也。及都邑官府，其百吏肅然，莫不恭儉、敦敬、忠信而不楛，古之吏也。入其國，觀其士大夫，出於其門，入於公門；出於公門，歸於其家，無有私事也；不比周，不朋黨，倜然莫不明通而公也，古之士大夫也。觀其朝廷，其朝閒，聽決百事不留，恬然如無治者，古之朝也。故四世有勝，非幸也，數也。是所見也。故曰：佚而治，約而詳，不煩而功，治之至也，秦類之矣。雖然，則有其諰矣。兼是數具者而盡有之，然而縣之以王者之功名，則倜倜然其不及遠矣！是何也？則其殆無儒邪！故曰粹而王，駁而霸，無一焉而亡。此亦秦之所短也。」這段話的要點是：1.秦國地勢險要，物產富饒，是形勝之地。2.人民淳樸，聲樂不低級下流，服飾不輕佻，服從官府，遵紀守法，有古人遺風；3.官吏都奉公守法，盡職盡責，「百吏肅然，莫不恭儉、敦敬、忠信而不楛」。4.士大夫都公私分明，忠於職守，明察為公，絕不假公濟私。而且不勾結，不搞朋黨；5.朝廷辦事效率高，凡事不拖延，反倒像是無為而治；6.荀子因此讚歎秦國為什麼能夠連續四王都不斷取得勝利，這絕非偶然。7.荀子總結秦國的政治是「佚而治，約而詳，不煩而功，治之至也」，予以高度評價。8.荀子指出秦國只有法家文化，沒有儒家文化，只是做到了霸道，還沒有達到王道，這是秦國的不足。9.荀子對霸道也是肯定的，與孟子不同。

《議兵》篇稱：「是故刑罰省而威流，無它故焉，由其道故也。古者帝堯之治天下也，蓋殺一人，刑二人，而天下治。傳曰：『威厲而不試，刑錯而不用。』此之謂也。」這是明顯主張刑罰主要用於威懾，達到少殺人可以震懾大

〔註25〕《議兵》：「故齊之技擊，不可以遇魏氏之武卒；魏氏之武卒，不可以遇秦之銳士；秦之銳士，不可以當桓文之節制；桓文之節制，不可以敵湯武之仁義；有遇之者，若以焦熬投石焉。」《孟子・梁惠王上》：「故曰仁者無敵。」《荀子》雖然每與《孟子》立異，但在主張仁政上是相同的。因此，《荀子》的主要精神依然是儒家，而不是法家。有學者疑惑於《荀子》到底是儒家還是法家，應該說是儒家，因為法家思想堅決反對儒家的仁義思想。

多數人的目的，這樣就可以做到「威厲而不試〔註26〕，刑錯而不用」。《荀子》這樣的觀點就與《商君書》的法治理念完全相同了。考《商君書・去強》篇：「以刑去刑，國治；以刑致刑，國亂。故曰：行刑重輕，刑去事成，國強；重重而輕輕，刑至事生，國削。」《商君書・靳令》：「行罰，重其輕者，輕者不至，重者不來，此謂以刑去刑，刑去事成。罪重刑輕，刑至事生，此謂以刑致刑，其國必削。」《商君書・畫策》：「故以戰去戰，雖戰可也；以殺去殺，雖殺可也；以刑去刑，雖重刑可也。」我們比較考察《荀子》與《商君書》的這些話，可以判斷二者的意思相通之處。

《荀子・正論》篇也表述了與法家基本一樣的「刑罰」思想：「世俗之為說者曰：『治古無肉刑，而有象刑：墨黥；慅嬰；共，艾畢；剕，對屨；殺，赭衣而不純。治古如是。』是不然。以為治邪？則人固莫觸罪，非獨不用肉刑，亦不用象刑矣。以為人或觸罪矣，而直輕其刑，然則是殺人者不死，傷人者不刑也。罪至重而刑至輕，庸人不知惡矣，亂莫大焉。凡刑人之本，禁暴惡惡，且懲其未也。殺人者不死，而傷人者不刑，是謂惠暴而寬賊也，非惡惡也。故象刑殆非生於治古，並起於亂今也。」〔註27〕《荀子》鮮明地主張治國不能沒有「刑罰」，而且要罰當其罪，不能重罪用輕刑，輕罪用重刑。《荀子》認為如果沒有有「象刑」和「肉刑」，那麼「刑罰」就太輕了，結果是「亂莫大焉」。

《荀子・君子》篇稱：「故刑當罪則威，不當罪則侮；爵當賢則貴，不當賢則賤。古者刑不過罪，爵不踰德。故殺其父而臣其子，殺其兄而臣其弟。刑罰不怒罪，爵賞不踰德，分然各以其誠通。是以為善者勸，為不善者沮；刑罰綦省，而威行如流，政令致明，而化易如神。」主張罰當其罪，賞不踰德，尤其是刑罰不能因為憤怒而加重判罪。《君子》篇接著說：「亂世則不然：刑罰怒罪，爵賞踰德，以族論罪，以世舉賢。故一人有罪，而三族皆夷，德雖如舜，不免刑均，是以族論罪也。」這與《韓非子》的罰當其罪的「刑名」思想一模一樣，也許《韓非子》的思想就是來源於其師荀子。而且《君子》篇的觀點明顯反對商君的連坐法。父親犯罪不牽連兒子，兄長犯罪不牽連弟弟。《荀子》稱「一人有罪，而三族皆夷」的連坐法是「亂世」的表徵，鮮明地反對「以族論罪」。而且《君子》篇中反對「以世舉賢」，認為「先祖當賢，後子孫必顯，行雖如桀紂，列從必尊，此以世舉賢也」這種慣例十分荒謬，這種尚賢思想必

〔註26〕「試」與「用」同義。
〔註27〕見王先謙《荀子集解》（中華書局點校本，2016 年）385～387 頁。

然會批判貴族世襲制度，這與商君等法家反對貴族世襲制的觀點完全相同。

但是《議兵》篇也指出了法家的嚴重局限，認為完全用法術並非治國的上善之策。《議兵》篇有一段議論極為精彩：「凡人之動也，為賞慶為之，則見害傷焉止矣。故賞慶、刑罰、埶詐，不足以盡人之力，致人之死。為人主上者也，其所以接下之百姓者，無禮義忠信，焉慮率用賞慶、刑罰、埶詐，除阨其下，獲其功用而已矣。大寇則至，使之持危城則必畔，遇敵處戰則必北，勞苦煩辱則必奔，霍焉離耳，下反制其上。故賞慶、刑罰、埶詐之為道者，傭徒鬻賣之道也，不足以合大眾，美國家，故古之人羞而不道也。」這是對法家的極為尖銳而中肯的批判。治國必須要有「禮義忠信」，而不能專靠「賞慶、刑罰、埶詐」。其邏輯是：如果按照法家的做法，一切依靠「賞慶、刑罰、埶詐」來治國，那麼大敵當前，必敗無疑的時候，威脅到人的生命，令人去守危城，人民絕不會堅守危城；遇到「勞苦煩辱」的事，人民一定會奔潰，因為這時候要付出的代價太大，成功後的「慶賞」對自己已經沒有意義。所以完全依靠法家治國，將不會產生為國盡忠的人，只會產生專門計算個人利害的人。《荀子》銳利的分析入木三分，擊中了法家的死穴，這是法家無法反駁的。在《荀子》看來，專任刑罰而刻薄寡恩、沒有禮義忠信的法家政治不能完美地治國。《荀子》對法家的批判可以說極為深刻。

《議兵》篇中有荀子對李斯法家思想的批判，非常動人：「李斯問孫卿子曰：『秦四世有勝，兵強海內，威行諸侯，非以仁義為之也，以便從事而已。』孫卿子曰：『非汝所知也！汝所謂便者，不便之便也；吾所謂仁義者，大便之便也。彼仁義者，所以修政者也；政修則民親其上，樂其君，而輕為之死。故曰：凡在於軍，將率末事也。秦四世有勝，諰諰然常恐天下之一合而軋己也，此所謂末世之兵，未有本統也。故湯之放桀也，非其逐之鳴條之時也；武王之誅紂也，非以甲子之朝而後勝之也，皆前行素脩也，所謂仁義之兵也。今女不求之於本，而索之於末，此世之所以亂也』。」《荀子》認為只有行仁義之政，才能做到「民親其上，樂其君，而輕為之死」。法家之術只是「不便之便」，而儒家的仁義禮信忠義才是「大便之便」。

對法家專任刑罰治國的批判，在春秋是叔向，在戰國是《荀子》，二者的批判意見都是非常深刻尖銳的，超過了《論語》和《孟子》關於「刑罰」的思想。《荀子》雖然站在儒家的立場融合了法家的刑罰思想，但並沒有認為法家的一斷於法的思想可以完美地治國，必須貫徹儒家的「禮義忠信」才能治國。

《議兵》篇強調「禮」的巨大價值，稱：「禮者、治辨之極也，強固之本也，威行之道也，功名之總也，王公由之所以得天下也，不由所以隕社稷也。故堅甲利兵不足以為勝，高城深池不足以為固，嚴令繁刑不足以為威。由其道則行，不由其道則廢。」明確指出了「禮」勝過「嚴令繁刑」，這是有其根據的。其邏輯結果就是儒家勝過法家。我國二千年的歷史證明，雖然封建社會的治理一直是儒法互補，但在國家政治中儒勝於法，國家的科舉制度一直是考試儒家經典，而不是《商君書》或《韓非子》。二千多年來中央政府推崇的聖人一直是孔子，而不是商君和韓非。

在《大略》篇中稱：「水行者表深，使人無陷；治民者表亂，使人無失，禮者，其表也。先王以禮義表天下之亂；今廢禮者，是棄表也，故民迷惑而陷禍患，此刑罰之所以繁也。」《荀子》在這裡解釋了「刑罰之所以繁」的原因是廢棄了「禮義」，可以說是「禮失而後刑罰繁」。禮義的教育可以讓人民避免犯罪，從而避免刑罰。

《性惡》篇論述了治國理民之所以必須要有刑罰，是因為人性邪惡，非有法律來嚴禁人性中的邪惡不可：「孟子曰：『人之性善』。曰：是不然。凡古今天下之所謂善者，正理平治也；所謂惡者，偏險悖亂也：是善惡之分也矣。今誠以人之性固正理平治邪？則有惡用聖王，惡用禮義矣哉？雖有聖王禮義，將曷加於正理平治也哉？今不然，人之性惡。故古者聖人以人之性惡，以為偏險而不正，悖亂而不治，故為之立君上之埶以臨之，明禮義以化之，起法正以治之，重刑罰以禁之，使天下皆出於治，合於善也。是聖王之治而禮義之化也。今當試去君上之埶，無禮義之化，去法正之治，無刑罰之禁，倚而觀天下民人之相與也。若是，則夫強者害弱而奪之，眾者暴寡而嘩之，天下悖亂而相亡，不待頃矣。用此觀之，然則人之性惡明矣，其善者偽也。」這段精彩的議論正確地指出了由於人性中有邪惡的因素，國家必須「起法正以治之，重刑罰以禁之」。《荀子》說：可以試一試，現在如果取消刑罰和一切法制，看看民眾是怎樣相處的？一定會強欺弱，眾暴寡，天下大亂。可知刑罰是絕對必要的。《荀子》的論述是深刻的。

五、對《荀子》刑罰思想的總結

我們概括一下《荀子》的刑罰思想，與戰國的法家有同有異。

1. 在治國安民上，「刑罰」是非常必要，否則不能懲治奸民。不能誇大教育的作用，不是每個人都教育得好的。

2. 由於人性是邪惡的，必須要有「禮儀」和「刑罰」來嚴禁人性的邪惡，否則天下大亂。批判了《孟子》的「性善論」。

3. 重視慶賞刑罰的霸道，雖然不及王道，但也是有用處的，要勝於「強道」，因此《荀子》讚賞齊桓晉文的霸業。

4. 刑罰必須公正合理，不能輕罪重罰，也不能重罪輕罰，要罰當其罪。這與《韓非子》的法治思想相同，與《商君書》主張的小罪重罰不同。

5. 刑罰不是越煩越好，而是應當簡省才好，這樣才便於民眾遵循。這實際上是後來劉邦、蕭何「約法三章」的先驅。「約」是省約、儉約的意思。

6. 國家的威權分為三等，法家的「暴察之威」雖然不如儒家的「道德之威」完美，但還是勝於「狂妄之威」，因此法家的「暴察之威」不能否定。

7. 充分肯定秦國的法治主義，認為正是秦國的法治才使得秦軍要強於齊國和魏國的軍隊，秦國連續四代君王取得許多勝利，不是偶然的。同時認為秦國法治的功能尚不完美，不及齊桓晉文的節制之師，更不如湯武的仁義之師。秦國的霸道雖然不及王道，但也是成功的。荀子對秦國成功實施的法家政治予以高度讚美，也指出了秦國只有法家文化，而沒有儒家文化，因此不能至於王道。

8. 嚴刑峻法是需要的，主要可以起威懾的作用，達到以刑去刑的目的，使得刑罰措而不用。這是繼承了《商君書》的以刑去刑的法家思想。

9. 刑罰太輕就起不到威懾和懲治邪惡的作用，會導致天下大亂，因此殘酷的肉刑和象刑是必要的。

10. 反對商鞅的連坐法，反對罪及無辜。

11. 刑罰雖然重要，但不能完全依刑罰治國。還必須依靠儒家的「禮義忠信」才能有效治國，儒家的「仁義之政」是非常重要的，從而反駁了法家的純粹的法治主義。

12. 刑罰不能代替禮義。「刑罰之所以繁」的原因是廢棄了「禮義」，可以說是「禮失而後刑罰繁」。禮義的教育可以讓人民規範行為方式，避免犯罪，從而避免刑罰。所以《荀子》的主張是禮法互補，以禮義為主，以刑罰為輔。《荀子》還繼承孔子的思想，反對不教而誅。荀子的儒法互補的思想與叔向、孔子都不同。叔向認為法律至上會否定禮義，孔子說的「齊之以刑，民免而無恥」，也是認為專任刑罰會使民眾喪失道德禮義。當然，叔向已經有了禮法互補的思想，只是闡述得不是很充分。

　　以上十二點是《荀子》的主要法治思想。其實質是儒家和法家的融合，是儒法互補，既吸收了法家的思想，也站在儒家的立場批判了一斷於法的純粹法治主義，強調了儒家的「禮義忠信」對於治國的重要意義，也充分肯定「刑罰」的重要作用。因此，從後來我國歷史的發展來看，二千年的封建政治正是儒法互補的政治，是沿著《荀子》的思想在運行。可以毫不誇張地說，我國二千年的封建政治主要實行的既不是孔學，也不是孟學，也不是商君韓非的純粹法家之學，而是荀學，只有荀學才是全面主張和闡述了儒法互補、儒法同治的治國思想。這是極為合理而深刻的思想，是我國二千多年封建政治的主流，在我國政治思想史上佔有極為崇高的地位。《列子・說服》:「孟氏之一子之秦，以術干秦王。秦王曰:『當今諸侯力爭，所務兵食而已。若用仁義治吾國，是滅亡之道』。」秦王認為在大爭之世以「仁義」之道治國，要亡國。日本明治時代的著名思想家福澤諭吉在其名著《文明論概略》〔註28〕大膽批評了孔子孟子不合時勢，妄圖在混亂的年代推行堯舜之道，不符合歷史的潮流，其失敗不可避免。其言曰:「我絕不是偏袒管仲蘇張（蘇秦、張儀），擯斥孔孟，只是慨歎這兩位大師不識時務，竟想以他們的學問來左右當時的政治，不僅被人嘲笑，而且對後世也無益處。」（52 頁）。又批評道:「事實證明數千年來一直到今天，從沒有過由於遵行孔孟之道而天下大治的事例。所以說，孔孟之未被重用，並不是諸侯之過，而是那個時代的趨勢使然。在後代的政治上，孔孟之道未能實行，並不是孔孟之道的錯誤，而是由於時間和地點不對頭。在周末時期，不是適合於孔孟之道的時代；在這個時代，孔孟也不是有所作為的人物；在後世，孔孟之道也未能適用於政治。理論家的學說（哲學）與政治家的事業（政治）是有很大區別的。後世的學者，切不可根據孔孟之道尋求政治途徑。」（53 頁）。福澤諭吉以激烈鮮明的言論抨擊孔子孟子的學說不適用於政治，不能真正治國。其理論實質是孔孟的學問是主張仁義道德，而福澤諭吉明確地認為仁義道德不能治理好國家和人民。因此，福澤諭吉已經認為中國歷史上千年的繁榮富強並不是孔孟之道帶來的〔註29〕。

〔註28〕北京編譯社翻譯，商務印書館，1994 年版。

〔註29〕毛澤東在 1973 年寫了一首詩《七律・讀〈封建論〉呈郭老》有曰:「祖龍魂死業猶在，孔名雖高實秕糠。」這是毛澤東否認孔子的學說能夠治國平天下，與明治時代的福澤諭吉觀點一致。

　　《荀子‧堯問》對荀子有高度讚譽，稱為「聖人」，可比美於孔子：「今之學者，得孫卿之遺言餘教，足以為天下法式表儀。所存者神，所過者化，觀其善行，孔子弗過。世不詳察，云非聖人，奈何！」這段對荀子的評論應該說並非過譽。

嘉定私派案真相探析
——以趙俞為中心的考察

李春博

　　嘉定私派案指康熙二十八年（1689 年）嘉定知縣聞在上被縣民告發私派一案。由於嘉定土地濱海潮沙，不宜種稻，在當地士紳請求下，明朝末年朝廷同意嘉定漕糧改為折銀繳納。〔註1〕清康熙初年，曾數次蠲免江南地區拖欠的賦稅，但嘉定縣由於漕糧折銀問題卻始終無法受益，「凡蠲漕糧，則以非本色不得預，及蠲地丁，則以屬漕項不得預。」〔註2〕康熙二十六年（1687），清廷蠲免本年未完及次年地丁銀，嘉定再次因折漕問題無獲得法蠲免。二十七年（1688 年），嘉定士紳與知縣聞在上請求江蘇巡撫洪之傑解決此事，雖然最終得以全部蠲免，但聞在上為了籌集向各級衙門官員打點賄賂的所謂「部費」，通過私派由全縣民眾承擔，後被民眾控告〔註3〕，聞在上因私派被革職入獄，由於朝廷黨爭，徐乾學、王鴻緒等朝廷大臣亦被牽入該案之中。筆者《嘉定私派案與清康熙中期黨爭》〔註4〕一文考察了該案始末及其與當時朝廷黨爭的關係，其中講到趙俞與該案關係密切，但並未深入展開。目前學界對嘉定私派案與趙俞的關係尚無專文研究，故本文圍繞趙俞的生平事蹟及其與崑山徐氏的

〔註1〕陸廷燦《南村隨筆》卷四，《續修四庫全書》第 1137 冊，上海古籍出版社，2002 年版，第 145 頁。

〔註2〕《（嘉慶）直隸太倉州志》卷一一《聞在上傳》，《續修四庫全書》第 697 冊，上海古籍出版社，2002 年版，第 193～194 頁。

〔註3〕《（光緒）嘉定縣志》卷三二《軼事》，《中國地方志集成》上海府縣志輯第 8 冊，第 651 頁。

〔註4〕李春博《嘉定私派案與清康熙中期黨爭》，載《明清江南經濟發展與社會變遷》，復旦大學出版社，2018 年版，第 134～148 頁。

關係，考察其在嘉定私派案中的處境及其所受影響，嘗試探析嘉定私派案的歷史真相，以期加深對康熙中期江南社會狀況的認識。

一、趙俞的家世與生平

趙俞，字文饒，號蒙泉，江南嘉定人。趙俞在清初即有文名，熊賜履曾以「老名士」稱之〔註5〕，王鳴盛將趙俞與嘉定文人陸元輔、張雲章、孫致彌、張大受、張鵬翀並稱六君子〔註6〕，遂有嘉定六君子之名。嘉定又名疁城，後人將其與嘉定孫致彌、侯開國、王晦、張雲章、王度、張僧乙、李聖芝等合稱為「疁城八子」〔註7〕。《清史列傳》曾為其立傳，但對他曾被牽入嘉定私派案隻字未提〔註8〕。嘉定地方文獻資料亦有趙俞的簡略傳記，其中關於嘉定私派案之事有的略而不提，有的則一筆帶過。〔註9〕目前學界對趙俞生平事蹟的研究，僅有李柯根據地方志資料所作一篇簡略傳記，全篇不足千字，且大部分內容是介紹其在定陶為官的情況，關於嘉定私派案，僅稱：「時嘉邑有地丁蠲免案，案情連及俞，以致功名褫革。」〔註10〕張雲章所作《文林郎知定陶縣事趙蒙泉先生行狀》一文比較詳細地敘述了趙俞的生平事蹟，張大受據此為趙俞作墓誌銘〔註11〕，但對於嘉定私派案同樣語焉不詳。此外趙俞本人《紺寒亭詩文集》亦保留了一部分與其家世相關的文獻。筆者據此對趙俞的家世和生平作一簡略考察。

趙俞先世為宋周恭肅王後裔，轉徙江蘇長洲，先祖號默庵者遷居嘉定。其高祖父名中行，明嘉靖二十二年（1543年）舉人，曾祖父名承易，祖父名世熙，父名萼，三世皆為縣學生，雖然未能出仕為官，但稱得上是書香門第。〔註12〕

趙俞出生於崇禎八年（1635年）十月初二，因趙俞之伯父宏昌早卒，故

〔註5〕趙俞《紺寒亭詩集》卷七，《四庫全書存目叢書》集部第255冊，齊魯書社，1997年版，第593頁。

〔註6〕王鳴盛《枕左堂集序》，《西莊始存稿》卷二五。

〔註7〕《（嘉慶）直隸太倉州志》卷三七。

〔註8〕《清史列傳》卷七四《趙俞傳》，中華書局，1987年版，第6136頁。

〔註9〕《（乾隆）嘉定縣志·趙俞傳》同樣未提嘉定私派案，《（嘉慶）嘉定縣志·趙俞傳》雖然提到趙俞因該案件削籍，但語焉不詳。

〔註10〕李柯《趙俞》，《科舉學論叢》2011年第3輯，線裝書局，2011年版，第14頁。

〔註11〕張大受《定陶知縣趙君墓誌銘》，《匠門書屋文集》卷二六。

〔註12〕張雲章《樸村文集》卷二四，《四庫禁燬書叢刊》集部第168冊，北京出版社，2000年版，第108～110頁。

其幼時被過繼給伯父為嗣子。〔註13〕張雲章在行狀中稱趙俞十餘歲即好學，勤於讀書，成童以後曾賦雁字詩二十四首，落花詩三十首，得到時人讚譽。但其科舉生涯頗不順暢，至順治十八年（1661年）二十七歲時方才考中秀才〔註14〕，康熙十五年（1676年）四十二歲以年資為貢生，入京師國子監讀書。康熙十七年（1678年）趙俞參加江南鄉試，終於在其四十四歲時考中舉人，十年之後的康熙二十七年（1688年），趙俞考中進士，是年五十四歲，該科主考官為徐乾學。

由於趙俞《紺寒亭詩集》僅保留其康熙二十九年（1690年）之後所作詩，故其早年事蹟多不可考，其《展閱楊忠愍公題冀梅軒畫梅詩卷有作》一詩跋言中提到自己「丙寅冬，客大梁」〔註15〕，《送吳商志之河南中丞幕》詩題自注稱自己「丙寅丁卯客汴梁」〔註16〕，此外他曾代河南巡撫作有《丁卯河南武鄉試錄序》〔註17〕一文，可知其曾於康熙二十五年（1686年）、二十六年（1687年）在河南開封充任幕僚。

趙俞在康熙二十七年（1688年）考中進士後，歸鄉等待銓選，此後兩年，在嘉定與同鄉友人切磋論學，張雲章稱：「己巳庚午之交，陸先生翼王集邑之同志者相與講論切磨，時則趙君文饒、侯君大年、王君服尹、黃君殿雯，時君期五、大年之弟悅舟咸與焉。」〔註18〕在此期間，趙俞捲入嘉定私派案。

康熙三十年（1691），徐乾學罷官歸鄉後因朝廷黨爭而被革職，其子徐樹敏受到嘉定私派案牽連，趙俞亦因該案入獄，遭受酷刑，陷入危殆之中。康熙帝為平息朝廷黨爭，下詔寬免涉案諸人。〔註19〕趙俞雖然脫罪出獄，但科舉功名卻被褫革，這對極重科舉的清初文人來說，無異於喪失身家性命。

趙俞於康熙三十一年（1692年）奔走京師，張雲章在其行狀中稱：「聞者莫不冤之。先生走京師，諸同年以其義高，爭為出贖鍰，翁君嵩年首其事，得

〔註13〕張雲章《文林郎知定陶縣事趙蒙泉先生行狀》，《樸村文集》卷二四，第108頁。參見趙俞《雷墩阡表》，《紺寒亭文集》卷三，第465頁。

〔註14〕趙俞《再以三首分贈樗園補亭倬庵仍步前韻》詩中自注，《紺寒亭詩集》卷八，第615頁。

〔註15〕趙俞《展閱楊忠愍公題冀梅軒畫梅詩卷有作》，《紺寒亭詩集》卷一，第505～506頁。

〔註16〕趙俞《送吳商志之河南中丞幕》，《紺寒亭詩集》卷二，第516頁。

〔註17〕趙俞《丁卯河南武鄉試錄序》，《紺寒亭文集》卷一，第425頁。

〔註18〕張雲章《周君文濤墓誌銘》，《樸村文集》卷十六。

〔註19〕李春博《嘉定私派案與清康熙中期黨爭》，第142～143頁。

復還原進士。」〔註20〕趙俞有詩《丙子二月二十九日奉旨復職敘用，用岐亭詩韻紀其事》，詩中云：「差幸清論在，本末為別白。貲代輸邊庭，詔仍賜冠幘。」〔註21〕這表明趙俞在師友的幫助下，於康熙三十五年（1696 年）二月得以恢復進士身份。

康熙三十五年（1696 年），唐孫華任浙江鄉試副主考，趙俞陪同前往杭州協助處理科考事宜。唐孫華，字實君，江蘇太倉人，曾館於明珠家中，輔導其次子揆敘讀書。康熙二十七年（1688 年）考中進士，選陝西朝邑知縣，因廷臣之薦，康熙帝召試乾清宮，授禮部主事，改調吏部，三十五年（1696 年）任浙江鄉試副考官，後落職歸鄉，淡泊名利，居家不出，以詩文自娛。雍正元年（1723 年）卒，年九十，著有《東江詩鈔》。〔註22〕二人自京師一同南下，趙俞有《奉和東江出都原韻》、《奉和東江禹城道中苦雨之作》、《山樓望西湖》、《錢唐觀潮歌》、《東江出示闈中二律依韻奉和》等詩與唐孫華唱和〔註23〕，此外他還代作《送吏部考功東江唐先生典試浙江還朝序》及《丙子浙江鄉試錄後序》，〔註24〕敘述此次浙江鄉試的情況。

康熙三十七年（1698 年）趙俞赴京謁選，被任命為山東定陶知縣。趙俞記載此事稱：「余以康熙戊寅夏六月，謁選得兗西之定陶，是時廷議允言官條奏，凡州邑守令銓注，皆引見稱旨，然後赴所任，前此未之有也。七月十有八日，上御暢春苑之澹寧居，吏部引同選官一十六人廷見，事既創起，而余又以科分先，猥居班首。」〔註25〕張雲章在趙俞的行狀中稱清代縣令引見自此開始。〔註26〕趙俞在九月抵達任所，就任定陶知縣。〔註27〕定陶地勢低窪，苦於水潦之災，趙俞針對這種情況，發動民眾修築三條河渠以疏通積水，所挖之土築於河渠兩旁，「寬可容兩馬，人畜行其上，堅實如河堤。」〔註28〕

〔註20〕張雲章《文林郎知定陶縣事趙蒙泉先生行狀》，《樸村文集》卷二四，第108～110 頁。

〔註21〕趙俞《紺寒亭詩集》卷四，第 557 頁。

〔註22〕《清史列傳》卷七一《唐孫華傳》，第 5809～5810 頁。

〔註23〕趙俞《紺寒亭詩集》卷五，第 563～566 頁。

〔註24〕趙俞《紺寒亭文集》卷一，第 422～423、426～427 頁。

〔註25〕趙俞《定陶縣濬渠碑記》，《紺寒亭文集》卷二，第 435 頁。

〔註26〕張雲章《文林郎知定陶縣事趙蒙泉先生行狀》，《樸村文集》卷二四，第108～110 頁。

〔註27〕趙俞《候寄園叔》，《紺寒亭文集》卷三，第 482 頁。

〔註28〕趙俞《定陶縣濬渠碑記》，《紺寒亭文集》卷二，第 436 頁。

從而達到「蓄泄有法，車輿可通」的目的，趙俞考慮十分周全，「樹之桑棗榆柳，落實取材皆有貲，而堤藉以完」，這樣就避免了兩岸浮土淤積河渠。隨後他又在當地修築道路，「規築六路，廣倍於三渠之堤，亦樹之以為固，並路皆為溝，殺於渠三之二，以達於渠。」把道路與河渠連接起來，既發展交通，又興修水利，「歲乃大熟」，取得了農業的豐收。趙俞在定陶還注重文教，「課士親為講解指畫，暇或挈之以遊，士忻然向學。修學宮，考闕里志，正從祀位次。」〔註29〕趙俞在定陶為官的情況，李柯將其概括為：「治澇害，重教化，緩催科，獎節孝，懷柔治境，恤民良多。」〔註30〕這樣的評價是比較準確的。

康熙四十一年（1702年），趙俞辭官歸鄉，讀書課孫，與友人舉淡成社，以詩文自娛，著有《紺寒亭詩文集》行世，康熙五十二年（1713年）十月二十日卒於家。

二、趙俞捲入嘉定私派案的原因

嘉定地方文獻資料敘述了嘉定私派案的相關情況，為籌集部費，「（聞）在上因與紳士議，每排各輸公費。並函屬庶吉士孫致彌在京挪墊，始得復准蠲免，旋遣副貢汪稌實等匯銀入京歸款。」此後問題得以解決，江蘇巡撫洪之傑「特疏具題，得入地丁項下，一體全蠲」，但卻由於私派之事而釀成大獄，「詞連進士趙俞等三十五人」。〔註31〕嘉慶年間所修《嘉定縣志》之《趙俞傳》稱：「（趙俞）以蠲免地丁事籲巡撫，奏聞，與孫松坪有勞，奸民搆大獄，羅織兩人，俱削籍。」〔註32〕孫致彌，字松坪，明末忠臣孫元化之孫，字愷似，號松坪，康熙十七年（1678年）以太學生賜二品服作為副使出使朝鮮，二十七年（1688年）考中進士，改翰林院庶吉士，「因邑民漕折事牽累去官，久之得雪，以原官用。」歷官編修、侍讀學士。〔註33〕趙俞之妻為孫元化之堂妹〔註34〕，二人有姻親關係，又同於康熙二十七年（1688年）出徐

〔註29〕《清史列傳》卷七四《趙俞傳》，第6136頁。
〔註30〕李柯《趙俞》，《科舉學論叢》2011年第3輯，線裝書局，2011年版，第14頁。
〔註31〕《（光緒）嘉定縣志》卷三二《軼事》，《中國地方志集成》上海府縣志輯第8冊，第651頁。
〔註32〕《（嘉慶）嘉定縣志》卷十四《趙俞傳》，第1668頁。
〔註33〕《清史列傳》卷七一《孫致彌傳》，第5843頁。
〔註34〕趙俞《亡妻孫氏述》，《紺寒亭文集》卷三，第488頁。

乾學之門，趙俞當時作為嘉定士紳代表向巡撫呼籲解決漕糧折銀問題，孫致彌則由於在京師幫助挪墊款項而一同捲入該案。

趙俞在詩中稱「當日桑梓切，誼本同室救」〔註35〕，表明他是出於桑梓之誼才向當局呼籲解決嘉定地丁蠲免問題的，導致其「以口舌賈禍」〔註36〕。趙俞捲入該案的一個重要因素是他與時任嘉定知縣聞在上有過一定交往。聞在上，字爾達，浙江山陰人，康熙二十一年（1682年）任嘉定縣令，在當地官聲頗好，「奸民憾邑紳，構大獄，誣蠲免為邑紳營請，詞連在上。刑訊問辟，後贖免，民立祠祀之。」〔註37〕趙俞曾代宋德宜作《嘉定縣重修文廟碑記》，敘述聞在上於康熙二十三年（1684年）主持重修嘉定文廟，文中稱：「侯律己以潔，肅下以威，撫眾以慈，他政卓卓可紀者多，其以是為先務，可謂知政本也已。」〔註38〕對聞在上讚譽有加。聞在上主持纂修《嘉定縣續志》時，趙俞和孫致彌身為舉人身份，作為嘉定士紳代表列名參閱而參與其事。〔註39〕康熙二十七年（1688年），知縣聞在上向當局尋求解決嘉定漕糧折銀問題時，趙俞和孫致彌剛剛考中進士，為了家鄉事宜貢獻力量自然責無旁貸，積極參與此事，他們自認為出於公心，沒有意識到其中蘊藏的巨大危險，結果險遭殺身之禍。

趙俞捲入嘉定私派案的另一個因素是他與崑山徐氏關係密切。張雲章在其行狀中稱：

> （趙俞）為諸生時，同邑陸翼王先生遊京師，偶攜其文篋中，出以示崑山相國，時相國為祭酒，陶冶一世之人才，見而異焉，即薦之學使者，學使方有遺才之試，拔其文為一省冠。

這表明最初是嘉定陸元輔將趙俞所寫文章推薦給徐元文，趙俞鄉試中舉與徐乾學之弟徐元文頗有關係。徐元文字立齋，順治十六年（1659年）狀元，授修撰。康熙九年（1670年）任國子監祭酒，十三年（1674年）擢內閣學士，十四年（1675年）改翰林院掌院學士，十八年（1679年）召為《明史》監修總裁官，十九年（1680年）擢都察院左都御史，二十二年（1683年）以會推

〔註35〕趙俞《再次前韻》，《紺寒亭詩別集》卷一，第496頁。

〔註36〕趙俞《紺寒湄亭記》，《紺寒亭文集》卷二，第438頁。

〔註37〕《（嘉慶）直隸太倉州志》卷一一《聞在上傳》，《續修四庫全書》第697冊，上海古籍出版社，2002年版，第194頁。

〔註38〕趙俞《嘉定縣重修文廟碑記（代）》，《紺寒亭文集》卷二，第434頁。另參《（康熙）嘉定縣續志》卷五，該文署名宋德宜。

〔註39〕《（康熙）嘉定縣續志》卷首《纂修嘉定縣續志姓氏》。

官員失誤降級調用而罷官，康熙帝留其監修《明史》。二十七年（1688 年）復官左都御史，遷刑部尚書，調戶部尚書。二十八年（1689 年）五月任文華殿大學士，二十九年（1690 年）五月遭彈劾而罷官歸鄉，次年病逝。〔註 40〕

趙俞有《上立齋總憲公論明史啟》一文寫給徐元文，其中云：「曩者當老年伯大人長翰苑之時，值陸菊隱先生在皋比之席，適有騰箋，轉塵清覽，不過闊達誇言，疏傭習氣，乃蒙齒牙激賞，遂使毛羽生輝。」他對徐元文的知遇之恩感激不盡，「接之以賓階，寵之以嘉宴，倒中郎之屣，登元禮之舟，不足喻其榮籍矣。」他參加會試屢次不中，寫作該文的目的是希望得到徐元文的幫助和提攜，其云：「節錄片言，稍為延譽，曾識孔融於童稚，幸拔石父於泥塗，脫吳阪之鹽車，拭華陰之赤土。」趙俞在文中稱自己「匏繫中州」，則該文當作於康熙二十五年（1686 年）、二十六年（1687 年）其在河南開封任幕僚之時。〔註 41〕

趙俞還作有《答宗伯健翁師論文啟》，該文是寫給徐乾學的。徐乾學，字原一，號健庵，江南崑山人，康熙九年（1670 年）進士，歷官翰林院編修、內閣學士，二十五年（1686 年）任禮部侍郎，二十六年（1687 年）升都察院左都御史，二十七年（1688 年）遷刑部尚書，不久以原官解任，二十九年（1690 年）自京師歸崑山，三十年（1691 年）被革職，三十三年（1694）七月卒於家。〔註 42〕禮部侍郎又稱宗伯，徐乾學任禮部侍郎是在康熙二十五年（1686 年）到二十六年（1687 年）之間，趙俞在文中稱「今世兄聯鑣競秀」，當指徐乾學第三子徐樹敏與徐元文次子徐樹本均於康熙二十六年（1687 年）鄉試中舉。故該文應作於康熙二十六年（1687 年）。趙俞在文中提到其曾拜謁徐乾學：「夏間晉謁，飫領諄誨，方期久侍春風，而輪蹄征逐，行裝匆遽，未及稟辭，至今歉仄。」他又稱自己科考「三戰失利」，希望能得到提攜，「所冀拂使長鳴，賞之牝牡，驪黃之外，斫之成器。」〔註 43〕次年趙俞即在徐乾學主持會試時考中進士。張雲章在行狀中敘述徐乾學曾將趙俞同著名文人歸有光相提並論，並讓同為康熙二十七年（1688 年）進士的范光陽、鄭梁評定其文章，從而為其延譽四方。〔註 44〕故趙俞對崑山徐氏的感激之情可想而知。

〔註 40〕《清史列傳》卷九《徐元文傳》，第 644～648 頁。
〔註 41〕趙俞《上立齋總憲公論明史啟》，《紺寒亭文集》卷三，第 478 頁。
〔註 42〕《清史列傳》卷一〇《徐乾學傳》，第 678～684 頁。
〔註 43〕趙俞《答宗伯健翁師論文啟》，《紺寒亭文集》卷三，第 478～479 頁。
〔註 44〕張雲章《文林郎知定陶縣事趙蒙泉先生行狀》，《樸村文集》卷二四，第 108～110 頁。

　　康熙二十九年（1690 年），徐乾學次子徐炯任福建鄉試副主考，當時在家鄉等待銓選的趙俞與同年進士王原作為幕僚，一同前往福建，二人有不少詩作記載此行見聞，收入各自詩集之中。趙俞有詩《陸忠宣祠》、《岳忠武祠》、《于忠肅祠》，杭州有陸贄、岳飛、于謙三人之祠堂，可知趙俞等人此行途經杭州。又有《桐廬道中二絕》、《蘭溪縣中》、《江郎山》、《仙霞嶺》、《舟泊洪山橋口占》等詩，描寫沿途風光。王原，字令詒，青浦人，曾跟從陸隴其、湯斌問學，康熙二十七年（1688 年）進士，任廣東茂名貴州銅仁知縣，康熙四十一年（1702 年）選授工科給事中，後因彈劾陳汝弼奸貪狀而降級歸鄉，卒年八十四歲。王原曾參與纂修《明史》、《大清一統志》，著作有《論孟釋義》、《歷代宗廟圖考》等，詩文集則有《學庵類稿》行世。〔註 45〕王原有詩《閩海集》二卷，記載此次閩浙之行，《九日登烏石山》詩題自注：「與陸編修棻、徐行人炯、林孝廉宵、顧秀才吳章、陸秀才奎勳、同年趙俞同作。」〔註 46〕則同行者尚有陸棻、林宵、顧吳章、陸奎勳等人。陸棻，字義山，浙江平湖人，原名世枋，康熙六年（1667 年）進士，十八年（1679 年）以薦召試博學鴻儒，列一等，授翰林院編修。康熙二十九年（1690 年）充福建鄉試正考官，三十三年（1694 年）擢內閣學士，兼禮部侍郎銜、總裁諸書局，後告歸，三十八年（1699 年）卒，年七十。著有《雅坪詩文稿》等。〔註 47〕陸棻有詩《奉命主校閩闈》，又有詩《九日徐章仲招遊烏石山》〔註 48〕，徐炯字章仲，證明該詩即陸棻擔任福建鄉試主考官時與王原、趙俞等人在烏石山唱和之作。

　　查慎行有詩《發東山至石湖舟中大雪與蒙泉雪園分韻》、《雪夜泊胥門與蒙泉抵足臥》，又有詩《吳門橋阻凍》，詩中自注：「是日蒙泉歸皁城。」〔註 49〕三詩皆作於康熙二十九年（1690 年）冬，當時徐乾學在太湖東山纂修《大清一統志》，查慎行、唐孫華、姜宸英、黃虞稷、顧祖禹、閻若璩、胡渭等皆曾參與其事〔註 50〕，查慎行之詩表明，趙俞自福建歸來後亦曾到書局與徐乾學相

〔註 45〕《（嘉慶）松江府志》卷五七《王原傳》。

〔註 46〕 王原《學庵類稿》詩類十《閩海集》卷一，上海圖書館藏清刻本。

〔註 47〕《清史列傳》卷七十《陸棻傳》，第 5757～5758 頁。

〔註 48〕 陸棻《雅坪詩稿》卷三十，《清代詩文集彙編》第 119 冊，上海古籍出版社，2010 年版，第 636、637 頁。

〔註 49〕 查慎行《敬業堂詩集》卷十二，范道濟點校《查慎行全集》，中華書局，2017 年版，第七冊，第 503～504 頁。

〔註 50〕 裘璉《纂修書局同人題名私記》，載《橫山文鈔》，《清代詩文集彙編》第 164 冊，第 640～641 頁。

見。由於趙俞與崑山徐氏關係密切，在當時朝廷黨爭背景下被牽連進嘉定私派案。

三、趙俞在案件中的遭遇

嘉定私派案發生之初，知縣聞在上被革職下獄，但並未結案，卻在兩年之後不斷擴大化，其背景是徐乾學與王鴻緒之間黨爭進一步激化。當時朝廷黨爭激烈，康熙二十七年（1688 年）二月，明珠因受彈劾而被革職。五月，徐乾學以原官致仕。康熙二十八年（1689 年）九月，高士奇、王鴻緒、陳元龍等被參劾植黨營私，康熙帝令其全部休致回籍。十月，徐乾學亦遭彈劾招搖納賄，被迫上疏乞休。康熙二十九年（1690 年），徐乾學自京師歸鄉，其弟徐元文亦遭彈劾罷官歸崑山。康熙三十年（1691 年）四月，徐乾學被革職，其了徐樹敏在這種情況下受到嘉定私派案的牽連。

《清史列傳》稱：「江蘇按察使高承爵嚴審原嘉定知縣聞在上因私派被告發革職之事，聞在上追憶兩年前未被告發時，乾學之子徐樹敏言其私派將對仕途不利，遂以贓銀二千兩饋之，至告發追還。至此論徐樹敏嚇詐取財，應處絞刑。」〔註 51〕案件拖了兩年之久未能審定，在朝廷黨爭背景下徐乾學之子涉案。韓菼在為徐乾學所作行狀中提及此事：「嘉定聞令獄久矣，令忽承曾遺公仲子樹敏金而卻之遲，復坐公子以罪，欲重危公。」〔註 52〕這表明當時確有向徐樹敏饋贈銀兩之事。

康熙三十年（1691 年）閏七月十六日，徐樹敏、趙俞等人獄急。當時吳暻有詩稱趙俞、孫致彌、徐樹敏三人被冤枉，其中贈徐樹敏的詩句「載鬼張弧白晝淒」，借載鬼一車典故形容案情之荒誕離奇。〔註 53〕王原亦有詩贈三人，為其呼冤。〔註 54〕徐氏家譜資料稱：「忌者在事，百方羅織，借嘉定縣聞令事牽連逮獄。」康熙三十九年（1700 年），康熙帝稱徐樹敏在嘉定私派案中是被冤枉的，下旨恢復其舉人身份，徐樹敏隨後於康熙四十二年（1703 年）考中

〔註 51〕 《清史列傳》卷一〇《徐乾學傳》，第 683～684 頁。

〔註 52〕 韓菼《資政大夫經筵講官刑部尚書徐公行狀》，《有懷堂文稿》卷一八，《四庫全書存目叢書》集部第 245 冊，齊魯書社，1997 年版，第 569 頁。

〔註 53〕 吳暻《辛未閏七月十六日，聞徐師魯、孫松坪、趙蒙泉三同年獄急，和東坡御史臺獄寄子由韻，各寄二首》，《西齋集》卷五，《清代詩文集彙編》第 209 冊，第 152～153 頁。

〔註 54〕 王原《送愷似蒙泉師魯三同年》，《學庵類稿》詩類十二卷一《寒竽集》，上海圖書館藏清刻本。

進士。〔註55〕

　　張雲章在趙俞的行狀中稱：「獄詞連染司寇公子，先生方出其門，亦誣及之，先生以其事屬含沙，慷慨申辯，辭氣激昂。」〔註56〕「司寇公子」指徐乾學第三子徐樹敏，作為徐乾學弟子的趙俞挺身而出為徐樹敏辯護，自稱：「時方以師門事牽連對簿，慷慨赴難。」〔註57〕又在詩中稱：「暮夜懷金事有無，一人冤憤萬人呼。投荒代友寧辭播，鉤黨除名不為蘇。」〔註58〕指出此事完全無中生有，自己和徐樹敏都是被冤枉的，其根本目的是攻擊徐乾學。

　　趙俞被捲入案中後，「當庭慷慨陳詞切，願赦張敖坐貫高」〔註59〕，西漢初年，劉邦對趙王張敖態度極其傲慢，趙相貫高對劉邦不滿而圖謀報復，張敖對此毫不知情。事發後貫高在酷刑下堅稱與張敖無關，劉邦赦免二人，貫高自殺謝罪。此處趙俞以貫高自比，聲稱嘉定私派案自己參與謀劃，願意承擔罪責，該案徐氏並不知情。

　　趙俞當時受到嚴刑拷打，唐孫華在詩中稱：

> 桎梏陳五刑，網絡施七覆。倉皇入圜扉，訞鼠拱白晝。
> 夜聞羈鬼啼，旁有積屍臭。君言獄急時，求死苦無竇。
> 鉗灼困貫高，刺剟脅戴就。寥寥千載間，此事今難又。
> 聞君無撓辭，足知感恩舊。〔註60〕

　　張雲章在行狀中稱：「獄三四具，琅璫繫頸，侵辱百端，幾不能衛，其足以情實為抵讕，讞詞所上，皆飾虛以成之，竟褫其職。」〔註61〕表明趙俞遭受冤屈，案件中的讞詞完全是弄虛作假而成。

　　崑山徐氏接連遭受沉重打擊，徐乾學認為這是王鴻緒在背後陷害自己，因而要設法將王鴻緒牽入嘉定私派案中，予以報復。

　　《清史列傳》稱：「及鄭端覆訊眾證，復得聞在上以贓銀五百兩饋送松江

〔註55〕《徐乾學家譜零本》，日本東洋文庫藏清抄本。

〔註56〕張雲章《文林郎知定陶縣事趙蒙泉先生行狀》，《樸村文集》卷二四，第108～110頁。

〔註57〕趙俞《奉挽大宗伯韓慕盧先生詩三章》，《紺寒亭詩集》卷八，第616頁。

〔註58〕趙俞《雜詩十首客郡城作》，《紺寒亭詩別集》卷一，第493頁。

〔註59〕趙俞《詠史八首》，《紺寒亭詩集》卷一，第510頁。

〔註60〕唐孫華《贈同年趙蒙泉》，《東江詩鈔》卷二，《四庫禁燬書叢刊》集部第187冊，北京出版社，1997年版，第317頁。

〔註61〕張雲章《文林郎知定陶縣事趙蒙泉先生行狀》，《樸村文集》卷二四，第108～110頁。

王總憲，亦於告發後退還。」王總憲即王鴻緒，鄭端在彈劾王鴻緒的奏摺中說：「聞在上私派一案，據糧裏口供，聞在上係鴻緒投拜門生。私派之時，聞在上先到鴻緒處商量，鴻緒為之設計。恃其奸謀勢力，屢審漏網。」〔註62〕

時任兩江總督傅拉塔向康熙帝上滿文秘折，奏陳自己遭江蘇巡撫鄭端誣陷，其中提到鄭端審問嘉定私派案，其云：

> 其後不久，伊親審嘉定縣一案時，當堂僅留下原任知縣聞在尚（按：應為聞在上）、前科進士趙瑜（按：應為趙俞，字文饒，號蒙泉）、徐書敏（按：應為徐樹敏）三人，連衙內皁隸皆被逐出，審出饋贈王鴻緒五百兩銀一事，將無辜清正按察使高承爵以徇情未審出等因一併參劾。後又為其所參案必勝，勾引其行路舊友王鳳榮（按：應為時任吏部右侍郎之王封溁）入其衙門誘導，行書一封，言稱為王鴻緒前來求情，以使奴才知會。奴才復稱：我之所審乃奉命之案，不能接受爾等私堂議案一併審理。等語駁回。〔註63〕

據傅拉塔所言，王鴻緒被牽連進嘉定私派案是私堂審案的結果。事後王鴻緒曾作詩敘及其事，詩中自注稱：「時撫軍受要人指，以余三年前卻金事入告，欲陷以重辟。」又稱：「余對簿時，問官某承奉上司指，動輒呼斥，家奴受刑毒倍至，究不能誣，始坐以不出首。」〔註64〕這表明王鴻緒對私派之事確實知情，當時亦曾有向其饋贈銀兩之事，但其沒有接受。

在此情況下，趙俞成為徐乾學報復王鴻緒的工具，陷入左右為難的境地。趙俞詩中稱「不謂犴狴囚，忽及牛馬走」〔註65〕，這是說自己作為囚犯，反而成了被利用的工具。他後來回憶：「時讞獄者欲用余入人罪，被訐者又欲用余出己罪，引辯誣服皆不可。如服瘖藥，心知其毒，口不能言。」〔註66〕趙俞在詩中描寫當時激烈黨爭造成案件的複雜化：「禍逢姚張隙，怒成穀洛鬥。功奪伯氏駢，計墮叔孫邱。懷猜機各張，致毒矢交鏃。」認為該案是由於徐乾學與王鴻緒之間由於黨爭而相互猜忌引起的。他描寫了雙方斗爭之激烈：「勢同燼

〔註62〕《清史列傳》卷十《王鴻緒傳》，第692頁。

〔註63〕中國第一歷史檔案館編譯《兩江總督傅拉塔奏陳枉遭江蘇巡撫鄭端誣陷摺》，《康熙朝滿文朱批奏摺全譯》，中國社會科學出版社，1996年版，第25頁。

〔註64〕王鴻緒《辛未秋，鴻緒被撫軍鄭某連章誣劾，對簿白下，蒙聖恩寬宥，諭旨刊布州郡，九叩虔誦，感激流涕，口占六首，略紀始末》，《橫雲山人集》卷一四，《續修四庫全書》第1417冊，上海古籍出版社，2002年版，第46～47頁。

〔註65〕趙俞《同年唐實君以詩見贈次韻答之》，《紺寒亭詩別集》卷一，第496頁。

〔註66〕趙俞《唐吉臣墓誌銘》，《紺寒亭文集》卷三，第462頁。

炭灼，力豈縷冠救。有戈皆倒前，無軍敢袒右。氣盛雷正殷，色慘日重瞀。」
又稱：「殃生紈綺侈，福過酒肉臭。」〔註67〕表明他認為徐氏被該案牽連是由
於紈綺子弟行為不夠檢點造成的。

趙俞對徐乾學利用自己攻擊政敵是不情願的，他在詩中說：「進取有淵
源，生死識去就。赴難吾不辭，口讐其可又。」表明其感激徐氏對自己的提
攜，即使生死危難也義不容辭，但卻不能進一步因黨爭而結仇。趙俞曾作《翁
姥詞》，其詩云：

> 上堂見翁姥，語笑相和諧。晨昏寢食共，乃云有嫌猜。
>
> 翁欲獻鴆毒，此豈新婦為。婦覆手中酒，躡此升堂齋。
>
> 翁意終不言，亦脫姥於危。翁姥誶罵交，婦死良已遲。
>
> 若問翁姥意中事，新婦到死那得知。〔註68〕

趙俞在詩中借用《列女傳》中「周主忠妾」〔註69〕的典故，將徐乾學和王
鴻緒比作翁姥，以新婦自喻，意謂自己不願作為徐乾學攻擊王鴻緒的工具，同
時又不能說出是徐乾學讓自己指證王鴻緒的，只能獨自承受罪責，故其稱「覆
酒佯僵我獨承」〔註70〕。事後他在寫給友人的詩中說：「胸中煩冤無可訴，口
欲咶哆有物鉗。」〔註71〕表明其苦悶之情無法向人傾訴。

趙俞在詩中敘述自己的遭遇，「黨禍牽連也見收」、「霜飛六月沉冤極」、
「等閒人入局中來」，後悔不該投靠徐乾學而捲入黨爭之中，認為自己中了圈
套，「附尾寧思千里驥，投竿偶上直鉤魚。」〔註72〕趙俞認為自己成了黨爭的
犧牲品，他在詩中說：

> 陽為結交驩，陰則相煽構。告密使投匭，文書若銜袖。
>
> 拔刀逼登闉，伏機暗入彀。借軀快私讐，人命同孤彀。
>
> 義異捨生取，死非見危授。反欲申責備，軍法罪逗留。〔註73〕

趙俞在詩中表明自己捨生取義，不願意成為黨爭的工具，為此受到徐乾
學的責難。趙俞還說：「刺人誘之兵，兩端更鼠首。誰為操兵者，乞憐圖矜

〔註67〕趙俞《同年唐實君以詩見贈次韻答之》，《紺寒亭詩別集》卷一，第496頁。

〔註68〕趙俞《翁姥詞》，《紺寒亭詩集》卷三，第532頁。

〔註69〕張濤《列女傳譯注》，山東大學出版社，1990年版，第188～189頁。

〔註70〕趙俞《雜詩十首客郡城作》，《紺寒亭詩別集》卷一，第493頁。

〔註71〕趙俞《次韻答海陵宮友麓兼呈姜西溟唐東江楊頠木諸同志》，《紺寒亭詩集》卷
三，第509頁。

〔註72〕趙俞《雜詩十首客郡城作》，《紺寒亭詩別集》卷一，第493頁。

〔註73〕趙俞《再次前韻》，《紺寒亭詩別集》卷一，第496頁。

宥。」他借用孟子之言「何異於刺人而殺之，曰：非我也，兵也」〔註74〕，表明徐乾學鼠首兩端，事後為了與王鴻緒和解，將罪責完全推在趙俞身上。對此趙俞辯解說：「親以嫌成釁，疏敢新間舊。勸修潘楊好，肯助秦楚構。」〔註75〕指出徐乾學與王鴻緒本為親家，因嫌隙而發生激烈黨爭，自己只能盡力勸說雙方和好，怎麼可能去挑撥離間雙方的關係。趙俞以樊於期自比，對徐乾學將自己作為犧牲品表達不滿，其云：「主人大笑君勿憂，但折花枝當酒籌，秦人德我不我讎。於期窮困今來投，我已乞得將軍頭。」〔註76〕唐孫華在詩中亦提及此事：「未聞造次間，欲請於期首。」〔註77〕

就在趙俞進退兩難的危急時刻，康熙帝為避免朝廷黨爭影響政局穩定，下詔寬免涉案諸人。〔註78〕趙俞、孫致彌、徐樹敏得以免罪，但卻均被褫奪科舉功名。

四、嘉定私派案對趙俞的影響

趙俞在詩中敘述自己竭力幫助徐氏洗清罪名，最後卻毫無功勞，「李陵軍敗功誰記，許遠城亡罪可疑。」〔註79〕他還在詩中說：「功成自是禍機藏，況是無功豈責償。」〔註80〕趙俞在詩文中稱，徐乾學事後不僅沒有表示感謝，卻因讒言而懷疑自己的一片赤誠之心：「貝錦成文巧亂真，讒言銷骨太無因。能令曾母驚投杼，誰信羊公不鳩人。謀敵莫如行反間，惜封只合戮功臣。他家酌酒方相慶，塗地身名獨苦辛。」〔註81〕他認為這是由於徐乾學中了反間計。查慎行曾作詩敘述趙俞在嘉定私派案中的遭遇：

> 趙壹豈窮人，文章天下冠。成名陷羅網，識字召憂患。
>
> 平生師友間，慷慨赴急難。一機駭初發，二事將併案。
>
> 隻手探沸羹，屛驅分糜爛。欲知氣難奪，正賴神不亂。

〔註74〕焦循《孟子正義》卷一《梁惠王章句上》，《諸子集成》（一），中華書局，1954年版，第37頁。

〔註75〕趙俞《同年唐實君以詩見贈次韻答之》，《紺寒亭詩別集》卷一，第496頁。

〔註76〕趙俞《上巳行》，《紺寒亭詩別集》卷一，第495頁。

〔註77〕唐孫華《贈同年趙蒙泉》，《東江詩鈔》卷二，第317頁。

〔註78〕《東華錄》康熙四八，康熙三十年十一月己未（初九日）條，第二冊，上海古籍出版社，2008年版，第266頁。

〔註79〕趙俞《又雜書四首客白門作》，《紺寒亭詩別集》卷一，第494頁。

〔註80〕趙俞《詠史八首》，《紺寒亭詩集》卷一，第510頁。

〔註81〕趙俞《又雜書四首客白門作》，《紺寒亭詩別集》卷一，第494頁。

戴盆卻望天，晝地詎宜犴。泊乎冤得白，重以讒被間。〔註82〕

趙俞專門致信徐乾學表明自己心跡，題為《候健翁師》，其云：

　　某浪跡飄蓬，望門乞米，支離憔悴，星霜移換，忽忽都忘。去秋以來，無一字稟候，匪特病懶也，誠以當日區區之心，告之天地而無慚，質諸鬼神而可鑒，鄉黨之見聞不容掩，京朝之清議不能淆，日月之明，萬萬不為之搖奪。而或不能不聞於左右之言，眾口鑠金，積毀銷骨，雖復嘵嘵，亦復無益，故不敢復干瀆尊嚴。

趙俞又稱：

　　去春面謁以後，歷捧手札，一則曰「責備汝者，皆屬邪說」，再則曰「有血性人能具肝膽」，三則曰「諒其無他，雖有浮雲，不能蔽白日」，其與皇上不忘勳舊，始終不替，無以異也。是以兩年之內備嘗險阻，銀鐺縲絏，桎梏圄圇，萬死一生而不敢避。厚自污衊，包含荒穢而不敢雪。郡邑承望風旨，隸卒操兵到門，如追逋寇，妻女啼號，家口狼狽而不敢怨。行求乞食，暑日炙背，風雪打頭而不敢以為羞。無他，師門執誼，地厚天高，頭目身髓皆非所惜。其與老師惟有全家感聖恩之意無以異也。至於師門故為疏外，以示從前非由抑勒。非出牢籠，此種委屈某亦深喻，一切罪戾皆甘身任矣。雖然功名付之逝水，性命付之劫灰矣，累世清白，半生拘迂，區區心跡必欲概為塗抹，鑿成瘡痏，揆之天地父母，裁成萬類之心所不忍出乎！古今來孤臣孽子，盡忠竭慮，遭逢讒言而死不敢自明者，何限其所遇不幸故至此。老師自許何等人物，而使青蠅貝錦得行其術乎！〔註83〕

　　趙俞是康熙三十一年（1692年）奔走京師的，信中稱「去春面謁」，可知該信作於康熙三十二年（1693年），其前往京師之前曾與徐乾學見面，之後有書信往來，但徐乾學並未對趙俞捨身幫助徐氏洗雪罪責表示感激，相反卻因聽信讒言而對趙俞有疑忌之意，故趙俞作此信敘述自己心中之冤屈。

　　收到此信後徐乾學的態度發生變化，將趙俞安置於建寧會館之中，趙俞有詩《甲戌五月再移寓司寇公建寧館中，月給米炭資，云有乏則以告，敬賦二律奉呈》，其中云：「恩波幸活洿蹄鮒，素飽深慚反哺烏。往事寸心蒙節錄，

〔註82〕查慎行《答趙蒙泉別後見寄之作》，《敬業堂詩集》卷二十，第708頁。

〔註83〕趙俞《候健翁師》，《紺寒亭文集》卷三，第483頁。

至今人說寧俞愚。」〔註84〕春秋時寧俞不避艱險保全衛國君主，孔子稱：「邦有道則智，邦無道則愚。其智可及也，其愚不可及也。」〔註85〕趙俞借用這一典故表明自己為了感謝徐乾學的知遇之恩而奮不顧身。

趙俞雖然免去殺身之禍，但科舉功名卻被褫革，因而感到極其苦悶絕望，他在寫給兒子的詩中說：「子姓燈難續，爺名籍已除。魚緣失火及，卵是破巢餘。鵝鴨防鄰惱，垣牆有物狙。」〔註86〕在這種情況下，他甚至不敢在人前拆閱家信：「鄉書如警檄，未易得平安。不敢人前拆，挑燈背地看。」〔註87〕他反思自己由於追求科舉功名而陷入危難之中，因而不希望自己的孫子再去攻讀詩書，其詩云：「儒冠既恐逢世難，詩筆更慮致身窮。不願聰明露頭角，但秉犁鋤作村農。」〔註88〕

康熙三十五年（1696年）二月，趙俞在師友的幫助下復職敘用，他作詩紀其事，其中講到：「借我軀命微，解彼獄詞急。」認為徐乾學利用自己解脫罪責。他在復官後的心情是「痛定悲故創，未歌先下泣」。〔註89〕顯示出嘉定私派案給其造成的傷痛之深。

康熙三十七年（1698年），趙俞赴京謁選，時任武英殿大學士的李天馥向他問詢嘉定私派案的情況，趙俞在詩中稱：

> 銜花黃雀傍簷飛，不道琴聲寓殺機。
>
> 清議已憑萬口在，昌言翻覺寸心違。
>
> 詩雖怨誹歸忠厚，禮為尊親諱隱微。
>
> 珍重相公垂問及，樽前但有淚沾衣。〔註90〕

表明他為尊者諱，不願張揚此事。曾經捲入嘉定私派案的王封溁此時任禮部侍郎，趙俞在與他話舊時回憶往事稱：「城門焚燎煽餘殃，煮鶴燒琴勢欲狂。」又稱：「逝波此日皆東海，設阱何人也北邙。」〔註91〕東海是徐乾學的

〔註84〕趙俞《紺寒亭詩集》卷二，第525頁。

〔註85〕程樹德《論語集釋》卷十《公冶下》，中華書局，1990年版，第340頁。

〔註86〕趙俞《示兒子》，《紺寒亭詩集》卷一，第509頁。

〔註87〕趙俞《得家信》，《紺寒亭詩集》卷一，第511頁。

〔註88〕趙俞《聞家中得孫誌喜》，《紺寒亭詩集》卷二，第515頁。

〔註89〕趙俞《丙子二月二十九日奉旨復職敘用用岐亭詩韻紀其事》，《紺寒亭詩集》卷四，第557頁。

〔註90〕趙俞《合肥相公席次垂問庚午辛未間事即席呈》，《紺寒亭詩集》卷七，第594頁。

〔註91〕趙俞《少宗伯王慎庵先生見招話舊當日先生為此案牽引幾不免》，《紺寒亭詩集》卷七，第594頁。

號，此時已經去世，故趙俞在詩中比較隱晦地指出嘉定私派案的擴大化是由於徐乾學造成的。

嘉定私派案對趙俞一生影響極深，康熙五十年（1711年），當時已經七十六歲的趙俞作詩贈給同樣捲入嘉定私派案的戴鑒，其中云：「一片素心同患難，廿年往事話悲涼。」〔註92〕顯示出多年後他對往事仍然痛楚在心。

五、餘　論

本文圍繞趙俞的生平事蹟及其在嘉定私派案前後的遭遇進行考察，力圖揭示嘉定私派案的歷史真相。趙俞早年參加科考屢試不第，其自言「五踏省闈門」〔註93〕，在徐元文的提攜下中舉以後，赴京會考「三戰失利」，最終在徐乾學主持會試時考中進士。出於對崑山徐氏的感激，趙俞在嘉定私派案中舍身幫助徐樹敏洗刷罪名。由於朝廷黨爭，徐乾學將趙俞作為攻擊政敵王鴻緒的工具，趙俞不願成為政治鬥爭犧牲品，對徐乾學多有不滿。嘉定私派案對趙俞的一生有著重大影響，他在詩文集中收錄許多與該案相關的詩作。由於當時與該案相關的司法文獻如今未見留存，時人記載大多語焉不詳，只有趙俞作為親歷者以詩文形式保留了相關文獻，故通過對趙俞生平事蹟及其所作詩文進行考察，有助於我們瞭解嘉定私派案的真相，可以加深對徐乾學、王鴻緒等相關歷史人物及清初江南社會狀況的認識。

趙俞為避免時忌，並未正面敘述案情，而是在詩文中大量使用歷史典故，案件具體情況隱晦不明，筆者結合相關文獻予以考察，關於該案可以明確的有如下幾個方面：

其一，嘉定私派案本是嘉定士紳出於公心請求官府解決賦稅無法得到蠲免的問題，由於部分官僚借機牟利，導致私派案的發生。

其二，王鴻緒對私派之事是知情的，嘉定士紳在問題解決後曾向其饋贈銀兩表示感謝，被其退還。

其三，在朝廷黨爭背景下徐乾學之子涉案，被控敲詐勒索而面臨絞刑，友人稱其冤枉，數年後康熙帝為其恢復科舉功名。

其四，徐乾學利用趙俞攻擊王鴻緒設計私派，趙俞不願因此成為政治鬥爭犧牲品，不予配合，受到徐乾學的疑忌，趙俞對此極感不滿。

〔註92〕趙俞《戴冰揆六十生朝有贈撫今追昔有痛定思痛之語》，《紺寒亭詩集》卷十，第637頁。
〔註93〕趙俞《茹茶（憫險釁也）》，《紺寒亭詩集》卷三，第537頁。

　　由於文獻欠缺，案件中還有一些疑問有待進一步探討，如《清史列傳》引江蘇巡撫鄭端奏疏，稱王鴻緒為知縣聞在上設計私派之事，王鴻緒自稱遭受誣告，最後結案的罪名是「不出首」。趙俞在詩中稱「始既密雷陳，末突攻田竇」〔註94〕，又言「凶終乃傾軋，便欲發其覆」〔註95〕，詩句主語不明，似指王鴻緒最初為之設計，後又因黨爭而藉此攻擊崑山徐氏。但其又稱「己欲避惡名，人豈為戎首」〔註96〕，一定程度上否認了王鴻緒為之設計私派之事。這樣前後存在矛盾之處，令人難以理解。故王鴻緒是否有意設計該案陷害崑山徐氏，只能存疑待考。

　　趙俞在嘉定私派案中強調自己出於公心，「當日桑梓切，誼本同室救」，因為家鄉事宜捲入該案。由於崑山徐氏對趙俞有知遇之恩，故其捨身相救，在詩中稱「王生執誼師門重，未敢偷生比薄夫」〔註97〕，還說：「豈是輕生等一毛，域中名義不能逃」〔註98〕，又言「進取有淵源，生死識去就」〔註99〕，「義異捨生取，死非見危授」〔註100〕，表明其為人重「義」輕「利」，故其在詩中稱：「感激當年國士收，低昂殊愧一蒼頭。平時受得千金賞，賣主還封不義侯。」〔註101〕東漢初年彭寵被其蒼頭子密出賣，光武帝劉秀封子密為不義侯，趙俞借用此典故表明自己不會見利忘義。趙俞的這種觀念與其所受儒家傳統教育是分不開的，他曾說：「聖人之心，渾然天理，見義則為。」〔註102〕又說：「天地以生物為仁，聖人禁民為非曰義。」〔註103〕還說：「無所為而為之者，義也。有所為而為之者，利也。」〔註104〕可見他是把「義」作為人品高下之標準。趙俞復職敘用為定陶知縣後，「惟是視陶為一家，陶之人為我之人，陶之事為我之事而已。薦紳我伯仲，士子我弟侄，民我幼稚，人役我家眾，廬井我資產，疆域我門戶。」〔註105〕在為官態度上，他自稱：

〔註94〕趙俞《同年唐實君以詩見贈次韻答之》，《紺寒亭詩別集》卷一，第496頁。
〔註95〕趙俞《再次前韻》，《紺寒亭詩別集》卷一，第496頁。
〔註96〕趙俞《同年唐實君以詩見贈次韻答之》，《紺寒亭詩別集》卷一，第496頁。
〔註97〕趙俞《雜詩十首客郡城作》，《紺寒亭詩別集》卷一，第493頁。
〔註98〕趙俞《詠史八首》，《紺寒亭詩集》卷一，第510頁。
〔註99〕趙俞《同年唐實君以詩見贈次韻答之》，《紺寒亭詩別集》卷一，第496頁。
〔註100〕趙俞《再次前韻》，《紺寒亭詩別集》卷一，第496頁。
〔註101〕趙俞《詠史八首》，《紺寒亭詩集》卷一，第510頁。
〔註102〕趙俞《駁正讚語七則》，《紺寒亭文集》卷一，第414頁。
〔註103〕趙俞《讀律辯訛序》，《紺寒亭文集》卷一，第419頁。
〔註104〕趙俞《印氏孝義記略》，《紺寒亭文集》卷二，第442頁。
〔註105〕趙俞《治陶紀實自序》，《紺寒亭文集》卷一，第425頁。

「恭以事上，儉以自奉，慈以臨民，威以鎮物，勤以辦事，謙以待客，和以交鄰。」〔註106〕趙俞也因此贏得當地民眾的愛戴。應當說，作為嘉定文人代表之一的趙俞，其為人為官的精神值得後人繼承和發揚。

〔註106〕趙俞《侯寄園叔》，《紺寒亭文集》卷三，第 482 頁。

《經義考》卷六十一著錄易類典籍辯證

陳開林

朱彝尊《經義考》著錄易類典籍 70 卷（卷 2～卷 71），相比其他經書，數量最多，內容最豐富，同時闕漏亦多。筆者近來從事《經義考》著錄《易》籍的考辨研究，本文以《經義考》卷六十一著錄易類典籍為研究對象，予以條辨，以期略有助益。

（1118～1119 頁〔註1〕）劉宗周《周易古文抄》、《讀易圖記》、《易衍》

按：《經義考》著錄《周易古文抄》三卷，《讀易圖記》一卷，《易衍》，不言卷數，稱「未見」，錄《自述》。引陸元輔之說，簡要介紹劉宗周生平。

《周易古文抄》的卷數，陳昌圖《南屏山房集》卷十八《兩浙經解考》、《雍正浙江通志》卷二百四十一、《明史》卷九十六均作三卷，與《經義考》同。《四庫全書總目》卷八「易類存目二」、《續通志》卷一百五十六《藝文略》、《續文獻通考》卷一百四十五《經籍考》、《八千卷樓書目》卷一均作二卷。《四庫全書總目》稱：

> 宗周字起東，號念臺，山陰人。萬曆辛丑進士。官至左都御史。南都破後，絕粒而死。事蹟具《明史》本傳。乾隆乙未賜諡忠介。宗周與漳浦黃道周，明末俱以善《易》名。道周長於數，宗周長於理。其學多由心得，故不盡墨守傳義。其刪《說卦》、《序卦》、《雜卦》三傳，雖本舊說，已失先儒謹嚴之義。至於《經》文序次，每以意移置，較吳澄《纂言》更為無據，亦勇於竄亂聖《經》矣。故其人

〔註1〕 頁碼依據林慶彰、蔣秋華、楊晉龍等主編《經義考新校》（上海古籍出版社，2010 年版），下同。

可重，而其書終不可以訓焉。〔註2〕

吳光主編《劉宗周全集》第 1 冊《經術》（浙江古籍出版社 2007 年版）所收《周易古文抄》三卷，係道光四年重刻《劉子全書》本〔註 3〕，卷首有劉宗周崇禎癸未《易經古文抄義小引》，《經義考》失收。《經義考》所引《自述》，乃《周易古文抄序》，字句略有不同。次為《易抄圖說》、《易贊》、《周易古文抄》。

《劉宗周全集》第 2 冊《語類》之四為《讀易圖說》。卷首有《自序》，《經義考》失載。自序稱：「因再述諸圖，而復衍其說於後，以補前說之未盡，總題之曰《讀易圖說》。」〔註4〕所謂「前說之未盡」，即《自序》所云「余嘗著《人極圖說》，以明聖學之要，因而得《易》道焉」。「復衍其說於後」，即《易衍》，共四十二章。

書名《讀易圖說》，與《經義考》不同。檢《千頃堂書目》卷一著錄：

> 劉宗周《周易古文抄》二卷、崇禎癸未序。又《讀易圖說》、又《易衍》。

《四庫全書總目》卷九十六「儒家類存目二」著錄劉宗周門人惲日初編《劉子節要》十四卷，稱：

> 宗周生平著述曰《劉子全書》：曰《儀禮經傳》、曰《古學經》、曰《家語考次》、曰《古易抄義》、曰《讀易圖說》、曰《論語學案》、曰《曾子章句》、曰《十三字》、曰《古小學集記》、曰《古小學通記》、曰《孔孟合璧》、曰《五子聯珠》、曰《聖學宗要》、曰《明儒道統錄》、曰《人譜》、曰《人譜雜記》、曰《中興金鑒錄》、曰《保民要訓》、曰《鄉學小相編》。其子汋匯而訂之，凡百餘卷。以篇帙繁富，未易盡觀，因仿《近思錄》例，分類輯錄。

此外，劉汋《先君子蕺山先生年譜》、《明儒學案》卷六十二《蕺山學案》、《雍正浙江通志》卷二百四十一、《東林書院志》卷二十、《道南淵源錄》卷十一、萬斯同《明史》卷一百三十三所載書名均作《讀易圖說》。

劉宗周著述較多，《經義考》卷一百三十四著錄《儀禮經傳考次》，卷一百

〔註 2〕（清）永瑢等《四庫全書總目》，清乾隆武英殿本。下引均據此本，不另注。

〔註 3〕《四庫全書存目叢書》經部第 17 冊收錄《易經古文抄》四卷，係清初姜西轍刻本，二本雖標注卷數不同，但內容相同。

〔註 4〕吳光主編《劉宗周全集》第 2 冊《語類》，浙江古籍出版社，2007 年版，第 122頁。

四十五著錄《禮經考次》，卷一百六十一著錄《大學古文參疑》、《大學古記》、《大學古記約義》、《大學雜言》，卷二百二十一著錄《論語學案》。《劉宗周全集》第 2 冊《語類》之五為《孔孟合璧》，第 5 冊《補遺》有黃宗羲編《孟子師說》，可補其闕。

其生平，《劉宗周全集》第 6 冊《附錄》有黃宗羲《劉子行狀》、劉汋《蕺山劉子年譜》、姚名達《劉宗周年譜》、劉宗周傳記資料匯輯，收羅完備。

（1119 頁）薛三省《易蠡》

按：《經義考》著錄薛三省《易蠡》二卷，引黃百家之說，稱：「公字魯叔，號天谷，定海人。萬曆辛丑進士，累官南京禮部尚書。卒諡文介。」

《易蠡》一書不詳。

檢《四庫全書總目》卷一百七十九「別集類存目六」著錄《薛文介公文集》四卷，稱：「明薛三省撰。三省字魯叔，定海人。萬曆辛丑進士。官至南京禮部尚書，卒諡文介。」似是襲自《經義考》，並未有新的發現。

其兄薛三才，萬斯同《明史》卷三百三十六有傳，附薛三省傳，稱：

> 三省字魯叔，萬曆二十九年進士，改庶吉士，授簡討。中貴趙綱慕其名，置酒邀之，三省麾其使不往，時人重焉。言者請以宋儒羅從彥、李侗從祀文廟，下史官議，三省力言當祀，遂得請。光宗已為太子，而福王尚留京邸，三省首疏請王之國。歷贊善、諭德，充東宮講官。四十六年，當主應天鄉試，時皇太子輟講已久，三省言「侍從青宮，當效啟沃。春初曾奉秋爽擇吉之命，不敢遠離講幄，失職曠官」，遂已。尋擢庶子，乞假歸。天啟初，起少詹事，累遷禮部尚書。時魏忠賢方熾，奸黨用事，凡與東林忤者，輒以中旨起之。三省言「廢籍諸臣，非經察典，則蒙論罷。中旨即家起之，不復衡量人品，非所以示風厲也。門工敘勞過濫，京卿猥多，不知異時三殿告成，何以加之。」疏入，甚為時所嫉。會毛文龍以邊功媚忠賢，請宣捷告廟，三省持不可，忠賢益怒，三省遂移疾乞歸，詔落職閒住。三省器度凝遠，當官持正不撓，兄弟並以風節稱。崇禎初，起南京禮部尚書，辭不拜。七年，再起故官，協理詹事府，仍不赴。卒，贈太子太保，諡文介。〔註5〕

其人大略可知。

〔註5〕《續修四庫全書》第 330 冊，第 69 頁。

（1120頁）程汝繼《周易宗義》

按：《經義考》著錄程汝繼《周易宗義》十二卷，錄朱之蕃序。引黃虞稷之說，稱：「汝繼，字志初，婺源人。萬曆辛丑進士，官袁州知府。」

黃虞稷《千頃堂書目》卷一著錄程汝繼《周易宗義》十二卷，注：「婺源人。萬曆辛丑進士，江西袁州府知府。」並未言及其表字。

《四庫全書總目》卷八「易類存目二」著錄《周易宗義》十二卷，稱：

> 汝繼字志初，朱之蕃《序》又稱其字曰敬承，蓋有二字也。婺源人。萬曆辛丑進士。官至袁州府知府。是書前有《自述凡例》云：「以朱子《本義》為宗，故名曰宗義。」然亦往往與朱子異。朱之蕃《序》稱：「萬曆辛卯遇汝繼於天界禪林，方以《易》學應制舉。」又稱：「比擢南曹，乃得乘其政暇，羅列諸家之說，不泥古，不執今，句櫛字比，必求其可安於吾心，以契諸人心之所共安，而後錄之。」蓋其初本從舉業而入，後乃以意推求，稍參別見，非能元元本本究《易》學之根柢者，故終不出講章門徑云。

提要稱其「字志初」，當是沿襲《經義考》之說。《文選樓藏書記》卷五亦著錄此書，稱：「是書採集諸解，一主《本義》，兼坿己說。」

關於其傳，《民國杭州府志》卷一百二十《名宦五》載：

> 程汝繼，字敬承，婺源人。萬曆間以進士知餘杭縣，吏憚其威，民愛其慈。縣學為法喜寺故址，外高內陷，特高其基重建之。邑東門舊與西門對啟，引繩直達，氣易以泄，於是塞其故處，稍折而北數百武，別為東門，建樓於上曰啟秀，外築月城環之。並易北門迤西，建樓曰拱極。鑿尹公筧，引苕水以入，使遶於左，而縈合於縣學之陰。在任六年，擢南京刑部主事。《餘杭縣志》。〔註6〕

同書卷一百四《職官六》「餘杭縣知縣」載程汝繼，注：「婺源人，進士，三十年任。」三十五年，上海人劉嘉猷接任。

張夏《雒閩源流錄》卷十一載：

> 程汝繼，字敬承，南直婺源人。生而篤學力行，一洗紛華奔競之習。前後邑令謂其道可肩古，廉足範今，咸敬禮焉。萬曆丁酉登賢書，辛丑成進士。初宰餘杭，日進士民，相與講明孝悌禮義，一時民風淳正，無敢以奇衺進者。時蓮池僧倡教西湖，自巨公以至細

〔註6〕 李榕《民國杭州府志》，民國十一年刻本。

民，尊信若狂，敬承獨召苕民曉之曰：「虛無寂滅，最惑人心，慎無陷入其疆也。」嘗憤語：「倘得備員省會，誓杖而祛之。」五載轉南刑部，出守袁州。州治相傳古冢在其下，守是州者從不敢正位坐。敬承毅然曰：「袁天綱術數士也，聖賢所不道。奉天子命蒞此民，吾何憚為？」遂正其位，卒無他。在袁一以道德飭治，清風善政，甲於諸郡。凡有饋遺，卻之恐浼裹，不名一文。後以介苦勤瘁卒於任，一棺之外無餘貲，其子乃稱貸以歸櫬。生平嚴氣正性，勇於任道，亦嚴於衛道。至其尊德樂義，又視人善如己善也。嘗著《易經宗義》，窮極一生精力。當居喪，伏其先人之柩，忘寢食而屬稿者三年，自後身所歷，心所至，一一於《易》發之。凡古今名說，莫不精擇條載，識者謂集《易》學之大成焉。又著有《疏義》、《課士略》、《課兒隨筆》行於世。〔註7〕

《續修四庫全書》第 14 冊收錄《周易宗義》十二卷，係明萬曆三一十七年自刻本（又見錄《四庫全書存目叢書》經部第 17～18 冊），卷首有殘序，中稱「吾《宗義》以傳之，庶幾二氏言、百家言者，其無所託耶」，則為自序可知；次有萬曆己酉姚星吳序、己酉汪懷德序。此三序，《經義考》失載。但《經義考》所錄朱之蕃序，此本無。

《續修四庫全書》第 14 冊又收錄其《周易疏義》四卷（又見錄《故宮珍本叢刊》第三冊），係明崇禎八年姚學心等刻本，《經義考》未著錄。卷首有崇禎乙亥姚星吳序。

（1120 頁）王三善《周易象注》

按：《經義考》著錄王三善《周易象注》九卷。引曹溶之說，稱：「王三善，字彭伯，永城人。萬曆辛丑進士，累官右僉都御史，巡撫貴州，死寇難，贈兵部尚書。」

檢萬斯同《明史》卷三百四十六、查繼佐《罪惟錄》列傳卷十二下、《乾隆貴州通志》卷之十九秩官、張廷玉《明史》卷二百四十九，均有其傳。死於大方之役，徐世昌《晚晴簃詩彙》卷一百四十六沈丙瑩《內莊弔王中丞三善》：

重圍親解貴陽城，手剿蠻奴十萬兵。虎子不擒空入穴，豹皮雖死尚留名。降人輕信悲文偉，降人指陳其愚。烈士無援恨進明。謂總督

───────────

〔註7〕（清）張夏《雒閩源流錄》，《續修四庫全書》第 536 冊，第 536 頁。

楊述中。一卷黔書論成敗，平反苛論仗鄒生。〔註8〕

《周易象注》一書不詳。

（1121頁）魏濬《周易古象通》

按：《經義考》著錄魏濬《周易古象通》八卷，錄王在晉序。引黃虞稷之說，稱：「濬字蒼水，松谿人。萬曆甲辰進士，累官都察院右僉都御史，巡撫湖廣。書八卷，前有《明象論》八篇」。

黃虞稷《千頃堂書目》卷一著錄魏濬《周易古象通》八卷，未言及其傳。《四庫全書總目》卷五「易類五」著錄《易義古象通》八卷，稱：

> 濬字蒼水，松溪人。萬曆甲辰進士。官至右僉都御史，巡撫湖廣。是書前有《明象總論》八篇：一曰《原古象》，二曰《理傳象》，三曰《八卦正像》，四曰《六爻位》，五曰《卦爻畫》，六曰《卦變》，七曰《互體》，八曰《反對動爻》。大旨謂文、周之《易》即象著理，孔子之《易》以理明象。又於漢、魏、晉、唐諸人所論象義，取其近正者，故名《古象通》。而冠以「易義」，言即象以通義也。朱彝尊《經義考》改曰《周易古象通》，則與濬名書之意不合矣。明自萬曆以後經學彌荒，篤實者局於文句，無所發明；高明者騖於玄虛，流為恣肆。濬獨能博考舊文，兼存古義。在爾時說《易》之家，譬以不食之碩果，殆庶幾焉。

對《經義考》改書名有辯證。陸心源《皕宋樓藏書志》卷四著錄抄本八卷，書名亦作亦《易義古象通》〔註9〕。黃汝亨《寓林集》卷二《易義古象通序》，稱：「蒼水魏子之為《易義古象通》也」〔註10〕，可為參證。黃汝亨，可補《經義考》之闕。

丁丙《善本書室藏書志》卷一著錄明刊本《周易古象通》八卷，稱：

> 建溪魏濬述。
>
> 濬字蒼水，松溪人。萬曆甲辰進士，官至右僉都御史，巡撫湖廣。是書前有黎陽王在晉序，首列《明象總論》八篇，大旨謂文、周之《易》即象著經，孔子之《易》以理明象。因於漢、魏、晉、唐諸儒所論象義，取其近正者錄之，名曰《易義古象通》，蓋即象以見

〔註8〕 徐世昌《晚晴簃詩彙》，民國退耕堂刻本。
〔註9〕 （清）陸心源《皕宋樓藏書志》，清光緒萬卷樓藏本。
〔註10〕 （明）黃汝亨撰，《寓林集》，明天啟四年刻本。

義也。〔註11〕

當係節錄《四庫全書總目》而成。

另外，《文選樓藏書記》卷二著錄《古象通》八卷，稱「明魏濬著。建溪人。刊本。是書凡例八門，申明觀象之義，於全《易》卦爻所取之象，多有引證」〔註12〕。《文選樓藏書記》稱魏濬為建溪人，與諸書所載略有不同。

《易義古象通》見錄《景印文淵閣四庫全書》第17冊，卷首無序。提要初稿係翁方綱所撰，云：「《經義考》載王在晉序一篇，今刻本失之。應存目。」〔註13〕

（1122～1124頁）樊良樞《易疑》、《易象》、《易贊》

按：《經義考》著錄樊良樞《易疑》一卷，《易象》二卷，錄朱謀㙔序、良樞後序；《易贊》二卷，稱「未見」，錄陳繼儒序。引陸元輔之說，稱：「良樞，字致虛，進賢人。萬曆甲辰進士。歷官廣東右布政。」

黃虞稷《千頃堂書目》卷一著錄樊良樞《易象》二卷，注：「字尚默，豫章人。天啟甲子朱謀㙔序。」卷三十一著錄樊良樞《八代金石古文》，注：「字尚默，進賢人。萬曆甲辰進士。陝西副使。」

萬斯同《明史》卷一百三十三著錄：

> 樊良樞《易象》二卷。字尚默，豫章人。

朱彝尊《明詩綜》卷六十四載：

> 樊良樞，字尚默，進賢人。萬曆甲辰進士，歷官廣東右布政使。

有《三山》、《二酉》等集。〔註14〕

厲鶚《增修雲林寺志》卷四載：

> 樊良樞，字尚默，進賢人。萬曆進士。歷官廣西右布政使。著
>
> 《三山》、《二酉》等集，有《韜光菴》詩。〔註15〕

載其表字與《經義考》同。而《四庫全書總目》卷一百七十九「別集類存目六」著錄樊良樞《樊致虛詩集》四卷，稱：

> 良樞字尚植，一號致虛，進賢人。萬曆甲辰進士，官至浙江提

〔註11〕（清）丁丙《善本書室藏書志》，清光緒刻本。

〔註12〕（清）阮元《文選樓藏書記》，清越縵堂抄本。

〔註13〕（清）翁方綱纂，吳格整理《翁方綱纂四庫提要稿》，上海科學技術文獻出版社，2005年版，第16頁。

〔註14〕（清）朱彝尊《明詩綜》，清文淵閣四庫全書本。

〔註15〕（清）厲鶚《增修雲林寺志》，清光緒刻本。

學副使。是編凡《匡山社集》一卷，《二山草》三卷，皆以所居地名之。

《雍正江西通志》卷六十九載：

> 樊良樞，字尚植，進賢人。萬曆進士。令仁和，與人推誠無隱徵，比不事鞭扑。水災，議蠲賑，悉心籌畫，全活無算。遷浙江提學，以不作魏璫祠碑文解印綬歸。著有《易解》。《浙江名宦志》。〔註16〕

曾燠《江西詩徵》卷六十一載：

> 樊良樞，字尚植，進賢人。萬曆三十二年進士。令仁和，有惠政。遷浙江提學，以不作魏璫祠碑文解綬歸。有《三山》、《二酉》等集。〔註17〕

陳田《明詩紀事》庚籤卷二十一載：

> 樊良樞，字尚植，進賢人。萬曆甲辰進士。除□□知縣，改仁和，遷刑部主事，歷員外郎中，出為雲南副使，改浙江。有《三山》、《二酉》等集。〔註18〕

所載表字不同。而《雍正浙江通志》卷一百四十九又載：

> 樊良樞，《仁和縣志》。字致虛，江西進賢人。萬曆甲辰進士。令仁和，與人推誠，開肺腑，無所隱徵。比以大義勸之，不事笞撲，民亦感其悃愊，爭先輸納。歷遷浙江提學，以不作魏璫祠碑解印綬歸。〔註19〕

又別立一說。

合諸書所載，樊良樞之仕履大體可知。

其著述，除前舉之外，《經義考》卷九十一著錄《書繹》、卷一百一十五著錄《詩商》、卷一百四十五著錄《禮測》、卷二百五十著錄《寱言》、卷二百五十八著錄《四書參解》、《四書辯證》。

另外，祁承爜《澹生堂藏書目》著錄樊良樞《樊氏周易圖說》一卷；樊良樞《樊致虛雜稿》廿一卷（又見《千頃堂書目》卷二十六），六冊，分《密庵初稿》四卷、《密菴稗稿》四卷、《括風采》四卷、《西湖草》一卷、《客星詠》一卷、《匡山社詩》七卷；鄭懷魁、樊良樞仝著《蓮城紀詠》一卷，一

〔註16〕（清）謝旻《雍正江西通志》，清文淵閣四庫全書本。
〔註17〕（清）曾燠《江西詩徵》，清嘉慶九年刻本。
〔註18〕（清）陳田《明詩紀事》，清陳氏聽詩齋刻本。
〔註19〕（清）嵇曾筠《雍正浙江通志》，清文淵閣四庫全書本。

冊。徐乾學《傳是樓書目》著錄樊良樞《三山草》三卷，一本；《續修四庫全書》第 1132 冊收錄《密庵卮言》六卷。

《樊氏周易圖說》，《經義考》失載。

鄭仲夔《玉塵新譚》雋區卷二《學雋》載其精《易》理，稱：

> 樊憲副良樞精《易》理，抱著懸斷，其應如響。萬曆壬子在刑曹，門人宋羽皇鳳翔持闈中牘請正，樊曰：「子必元矣，試為子揲之。」得《離》上爻：「有嘉折首，獲匪其醜」，樊決領解。及榜發，宋果第一。長子重鵬未得嗣，揲著得《鼎》初爻：「鼎顛趾，利出否，得妾以其子。」為娶一妾，即生子。真可謂用《易》若神也。[註20]

（1125 頁）高捷《易學象辭二集》

按：《經義考》著錄高捷《易學象辭二集》十二卷，引蔡復一之說，尋繹其說，似為序。引黃虞稷之說，稱：「高捷字中白，淄川人。萬曆甲辰進士，官至河南按察副使。」

《乾隆江南通志》卷一百十五《職官志》載：

> 高捷，淄川人。萬曆間，知淮安府。東省饑，流民麕至，捷勸民出粟，大建粥廠，全活無算。收贖子女，表彰節義，建社倉，設官渡，創浮橋，起書院，民為立祠西門外。《淮安府志》。[註21]

《道光濟南府志》卷五十載：

> 高捷，字中白，淄川人。少家貧，荷薪負米，力學養親。三試皆冠，擢超等，肆業蒼龍峽，潛心理學。萬曆丁酉魁於鄉，辛丑雋禮闈，輒旋里，益開講席，名士多出其門。甲辰廷對，授行人，歷使荊魯蜀晉，補司正序。應使江右蔡毅中使蜀，以母老遠行為難，捷慨易之，冊封蜀藩，跋涉萬里不辭也。陞戶部郎中，分司雲南，遇瑞邸婚禮，例笈金商輸納，悉除勒折，商人頌焉。出守淮安府，遇山左大饑，流民走淮上，餓殍盈路，剽販橫行，乃發倉出粟以賑之，興工煮粥以食之，施藥以療病，嚴兵以防亂，贖還婦女，周給歸資。計其注東省官冊，復業者十五萬六千餘名，寄俸金以贍淄庠，政成報最。舉卓異，升淮徐兵備副使，疏濬挑築，河工賴之，淮人為立生祠。[註22]

〔註20〕（明）鄭仲夔《玉塵新譚》，明刻本。
〔註21〕（清）趙宏恩《乾隆江南通志》，清文淵閣四庫全書本。
〔註22〕（清）成瓘《道光濟南府志》，清道光二十年刻本。

據此，則其人為循吏可知。

《易學象辭二集》，其書不詳。

（1126 頁）陸振奇《易芥》

按：《經義考》著錄陸振奇《易芥》十卷，引《浙江新志》稱：「陸振奇，字庸成，錢塘人。萬曆丙午舉人」；引葛寅亮之說，稱：「亡友庸成《易芥》，不執象，亦不執理」；引鄭之惠之說，稱：「陸庸成為諸生時，著《易芥》八卷。丙午，庸成舉孝廉，未及上公車，即世。庸成故工逢掖業，而所為《易芥》獨不為逢掖言。」

萬斯同《明史》卷一百三十三著錄《易芥》五卷〔註23〕，不知何據。《四庫全書總目》卷八「易類存目二」著錄《易芥》八卷，稱：

> 明陸振奇撰。振奇字庸成，仁和人。萬曆丙午舉人。是書《經義考》作十卷，與此本不符。然所引鄭之惠說稱「陸庸成為諸生時，著《易芥》八卷」，與此本合，則「十卷」乃字之誤也。書中不載經文。其訓詁專主義理，每卦多論反對之意。其論「用九」謂非六爻皆變，與《左傳》蔡墨所稱《乾》之《坤》者顯相乖刺，知其不以古義為宗矣。

《易芥》八卷，今有清乾隆十六年刻本，見錄《四庫全書存目叢書》經部第 19 冊，卷首有乾隆十六年金鼎錫《重刻易芥序》，原序有鄭之惠序、門人柴紹煌序，姪孫陸鴻業《重刻易芥原序》，乾隆十六年陸肇鼎《易芥後跋》。《經義考》所引鄭之惠之說，即出自其序。

陸肇鼎稱：

> 蓋是書於萬曆庚戌年曾伯祖汝錫公初發剞劂，積歲已久，自應曼漶。後伯祖仍云公於康熙二十二年復刻以傳，又緣歷任直隸湖廣，攜至署中，竟流失他方，不復可考。鼎甚恐先人手澤所以羽翼聖經者或致湮滅，而又慮世之欲見是書者如饑如渴，而莫或慰也，爰取家藏印本偕再從弟謙校正付梓，以廣其傳，以繼先人之志云。〔註24〕

則該書刊刻情況可知。

關於其傳記，《雍正浙江通志》卷一百七十五載：

> 陸振奇，《舊浙江通志》。字庸成，錢塘人。生有至性，敦孝友。工

〔註23〕《續修四庫全書》第 326 冊，第 253 頁。
〔註24〕（明）陸振奇《易芥》，《四庫全書存目叢書》經部第 19 冊，第 278 頁。

文章，與里中鄭徵士之惠、馮祭酒夢禎、葛太常寅亮、虞司勳淳熙
為莫逆交，殫心經學，弟子環而卒業，論難義易，辨析不窮。歷聘
四方，於新安說經尤久，學者稱庸成先生。萬曆丙午舉於鄉。著有
《易芥》十卷、《學庸心性解》行世。

《民國杭州府志》卷一百三十八載：

　　陸振奇，字庸成，錢塘人。萬曆三十四年舉人。性孝友，工文
章，與里中鄭之惠、馮夢禎、葛寅亮、虞淳熙友，殫心經訓，治《易》
義尤深，在新安說經最久。《錢塘縣志》。

《學庸心性解》，《經義考》失載。

（1126頁）宿夢鯉《易纂》

　　按：《經義考》著錄宿夢鯉《易纂》，不言卷數，稱「未見」。引嚴繩孫
之說，稱：「夢鯉字龍吉，無錫人。萬曆丙午舉人，松陽知縣。學者稱仁寰
先生。」

《雒閩源流錄》卷十三有傳，稱：

　　夢鯉字龍吉，南直無錫人。萬曆丙午魁南闈，高忠憲序其行卷，
曰：「無不讀之書，無不了之義，不持一刺，不取一文。」爰命其三
子師事家塾者積十有六年。屢試不第，以親老就祿，令松陽，先恤勾
軍，繼請兩臺，弭三大患，及上平田六大議。諸廢具舉，乃修建文朝、
御史葉公希賢祠，以風勵邦人。會織造監李實阿魏閹意，一疏殺六君
子，株連黨錮。龍吉在松，亦幾為土猾所搆，亟自免歸。著有《易纂
全書》、《課兒說苑》等書。壽八十一，學者稱仁寰先生。〔註25〕

《東林書院志》卷九、《道南淵源錄》卷六並載高世泰《仁寰先生傳》，
稱：

　　丙申仲春，泰釋菜於東林之燕居廟，同志僉集，迎主入道南祠
者三：一為仁寰宿先生，一為韌菴華先生，一為幾亭陳先生。三先
生皆與先忠憲交契，而仁寰先生交最久。忠憲命三子師事之者十有
六年，砥礪相資者三十餘年。璫禍起，先生從松陽掛冠，隱居著述，
以八十一終。邑之後學皆知先生為端人，為邃學，為循吏，為吳中
耆舊，人無間然，茲舉非有阿好也。先生諱夢鯉，字龍吉，別號仁
寰。少年為名諸生，丙午魁南畿，先忠憲序其稿，有「無不讀之書，

〔註25〕（清）張夏《雒閩源流錄》，清康熙二十一年黃昌衢彝敘堂刻本。

無不了之義，不持一刺，不取一文」等語。顧涇陽、薛玄臺先生輩，俱以畏友目之。六上公車不第，以親老就祿，令松陽，問民疾苦。先郵勾軍，因上兩臺，請弭三大患，及平田六大議。諸廢具舉，浙中嘖嘖誦神君。時同志在朝，將以卓異徵先生。會織造監李實附魏忠賢，一疏殺六君子，株連黨禍。時先生亦幾為松陽劣生所陷，乃有屬鬼奪其魄，謀泄而解，先生得歸歸，而杜門不出，惟取《周易》一編，向與先忠憲及啟新錢先生、覲華吳先生輩所探索淵玄者，益朝夕覃思，博綜約歸，經年而《易纂全書》成。若《課兒說苑》、《詩經、春秋輯注》、《五經百家類纂》、《古今類書》，皆生平抄記，不輟食以飴口，怠以為枕者也。八十除夕，夢端文先忠憲共晰，不睹聞義。旁有黃冠，告以九九當歸，至八十一而逝。先生之去來，真有關於斯道也已。〔註26〕

所記書名均作《易纂全書》，與《經義考》稍異。《詩經春秋輯注》、《春秋輯注》、《五經百家類纂》，《經義考》失載。

（1127頁）楊瞿崍《易林疑說》

按：《經義考》著錄楊瞿崍《易林疑說》十卷，引黃鳳翔之說，介紹其書。引黃虞稷之說，稱：「曰楊瞿崍，字稺實，晉江人。萬曆丁未進士，歷官江西提學副使。」

《四庫全書總目》卷八「易類存目二」著錄《易林疑說》，無卷數，稱：

明楊瞿崍撰。瞿崍字稺實，晉江人。萬曆丁未進士。官至江西提學副使。先是，瞿崍之父著《易經蒙筌》，未就而卒。瞿崍承其家學，考索諸家，有疑即為之說，故名曰「疑說」。其論《九疇》子目吻合《河圖》，謂《洛書》可以敘疇，亦可以畫卦，以及橫圖、圓圖、逆數、順數、八卦序次、五行生剋，皆繳繞旁文，無關經義。《明史‧藝文志》作十卷。今此本止三冊，不分卷數。疑就其初成稿本傳寫者也。

《文選樓藏書記》卷一著錄《易林疑說》三冊，稱：「是書各為圖說，兼及儒辯證」，與《四庫全書總目》同。

就「疑就其初成稿本傳寫者也」一說，胡玉縉《四庫全書總目提要補正》

〔註26〕（清）高廷珍《東林書院志》，清雍正刻本。（清）鍾泉《道南淵源錄》，清道光刻本。

稱：

> 吳氏《繡谷亭薰習錄》云：「為說三十六條，河洛先後天八卦圖
> 六，末附《易經蒙筌小引》云云。是編上下二卷，《經義考》作十卷，
> 誤。」玉縉案：此當別一本。〔註27〕

另外，《經義考》卷五十九著錄楊啟新《易林疑說》二卷，引黃鳳翔之
說，與此卷相同。引查慎行之說，稱：「楊啟新，字穉實，晉江人。萬曆己
卯舉人，官左州知州。」

對此，翁方綱《經義考補正》卷二有疑，稱：

> 丁傑曰：「此書及所引黃鳳翔語，已見前五十九卷五頁，其名字、
> 籍貫、科第、官爵及書之卷數，或異或同，前後當有一誤。」〔註28〕

檢張燮《霏雲居集》，有《楊稚實易林疑說序》，曰：

> 余友楊稚實自弱冠抱《易》登壇，探賾導微二十餘年，乃成進
> 士。然君所揣摩而成，非復局促功令之業，隱若起龍馬之圖與相上
> 下，有證言前而通系者。至是寄所刻《易林疑說》示余，大都於
> 先後天之理、陰陽之道，多所發明。至先正所論著，時有評騭，合
> 而成帙，是足稱《易》功臣矣。〔註29〕

張燮與楊瞿崍交好，《霏雲居集》另有《何稚孝楊稚實邀集稚孝宅上是
日小雨同用魚字吳潛玉在坐》（第284頁）、《過楊稚實留酌同用明字》（第290
頁）《答楊稚實進士》（第856頁）。此處所言，當可信。據此，則楊瞿崍當
為《易林疑說》所作。

（1128）王納諫《周易翼注》

按：《經義考》著錄王納諫《周易翼注》三卷，引黃願素之說，尋繹其說，
似為序。引高佑釲之說，稱：「納諫，字聖俞，號觀濤，江都人。萬曆丁未進
士，除行人。歷吏部稽勳司員外郎。」

《乾隆江南通志》卷一百四十四《人物志·宦績六》載：

> 王納諫，字聖俞，江都人。萬曆丁未進士，授行人。使榮藩，
> 卻饋贈，甚見敬禮。疾假，家居二載，起為吏部主事，歷四司，尋
> 復告歸。著有《會心言》、《初日齋集》。

〔註27〕 胡玉縉《四庫全書總目提要補正》，上海書店1998年版，第71頁。
〔註28〕（清）翁方綱《經義考補正》，清乾隆刻本。
〔註29〕（明）張燮《張燮集》，中華書局，2015年版，第512頁。

卷一百九十著錄《周易翼注》三卷，卷一百九十二著錄《會心言》、《蘇文小品》，卷一百九十四著錄《初日齋集》。《明史》卷九十八載《會心言》四卷，卷九十九載《初日齋集》七卷。徐乾學《傳是樓書目》「經部」著錄《左國腴》四卷，二本；「集部」著錄《初日齋文集》七卷，六本。

《周易翼注》，其書不詳。《左國腴》，《經義考》失載。

（1128）陸夢龍《易略》

按：《經義考》著錄陸夢龍《易略》三卷，錄陸鳴勳序。引黃虞稷之說，稱：「山陰陸公夢龍，字景鄴，萬曆庚戌進士。累官廣東按察使，降補河南布政司參議，尋備兵固原。崇禎七年，死寇難，贈太僕寺卿，謚忠烈。」

檢朱彝尊《明詩綜》卷七十五載：

> 陸夢龍，字君啟，紹興山陰人。萬曆庚戌進士，除刑部主事，歷員外郎中，出為廣西提學僉事，轉江西參議、湖廣副使、貴州參政、廣東按察使，降補河南參議，轉山東副使，調陝西，以參政分守固原道。崇禎癸酉戰死，贈太僕寺卿，謚忠烈。

張廷玉《明史》卷二百四十一亦有傳，稱：

> 陸夢龍，字君啟，會稽人。萬曆三十八年進士。授刑部主事，進員外郎。張差獄起，引凡向宮殿射箭、放彈、投磚石等律當以斬。獄具，提牢主事王之寀奏差口詞甚悉，乞敕會問，大理丞王士昌亦上疏趣之。時夢龍以典試廣東杜門，主事邢臺傅梅過之曰：「人情庇奸，而甘心儲皇。吾雖恤刑山右，當上疏極論，君能共事乎？」夢龍曰：「張公遇我厚，遽上疏，若張公何？當力爭之耳。」乃偕見問達。時郎中胡士相等不欲再鞫，趣問達具疏請旨，以疏入必留中，其事可遂寢。夢龍得其情，止勿復請。眾曰：「提馬三爺、李外父輩，非得旨不可。」夢龍曰：「堂堂法司，不能捕一編氓，須天子詔耶？差所供，必當訊實。」問達以為然。明日，會訊，士相、永嘉、會禎、夢龍、梅、之寀及鄒紹先凡七人，惟之寀、梅與夢龍合。將訊，眾咸囁嚅。夢龍呼刑具三，無應者，擊案大呼，始具。差長身駢脅，睨視傲語，無風癲狀。夢龍呼紙筆，命畫所從入路。梅問：「汝何由識路？」差言：「我薊州人，非有導者，安得入？」問：「導者誰？」曰：「大老公龐公，小老公劉公。」且曰：「養我三年矣，予我金銀壺各一。」夢龍曰：「何為？」曰：「打小爺。」於是士相立推坐起

曰：「此不可問矣。」遂罷訊。夢龍必欲得內豎名。越數日，問達再令十三司會審，差供逆謀及龐保、劉成名，一無所隱。士相主筆，躊躇不敢下，郎中馬德灃趣之，永嘉復以為難。夢龍咈然曰：「陸員外不肯匿，誰敢匿？」獄乃具。給事中何士晉遂疏詆鄭國泰。帝於是斃保、成於內，而棄差市，梅慮其潛易，躬請監刑。當是時，自夢龍、之宷、梅、德灃外，鮮不為鄭氏地者。已而之宷、德灃悉被罪，梅以京察罷官。夢龍賴問達力獲免，由郎中歷副使。天啟四年，貴州賊未靖，總督蔡復一薦夢龍知兵，改右參政，監軍討賊，安邦彥犯普定。夢龍偕總兵黃鉞以三千人御之。曉行大霧中，直前薄賊，賊大敗。三山苗叛，思州告急。夢龍夜遣中軍吳家相進搗賊巢，搥苗鼓，聲振山谷，苗大奔潰，焚其巢而還。尋改湖廣監軍，遷廣東按察使。上官建忠賢祠，列夢龍名，亟遣使鏟去之。崇禎元年大計，忠賢黨猶用事，鐫二級調任。三年起副使，以故官分巡東兗道。盜起曹、濮間，討斬其魁，餘眾悉降。遷右參政，守固原。夢龍慷慨好談兵，以廓清群盜自負。七年夏，賊來犯，擊卻之。閏八月，賊陷隆德，殺知縣費彥芳，遂圍靜海州。夢龍率游擊賀奇勳、都司石崇德御之，抵老虎溝。賊初不滿千，已而大至。夢龍所將止三百餘人，被圍數重，賊矢石如雨，突圍不得出。二將抱夢龍泣，夢龍揮之曰：「何作此婦孺態！」大呼奮擊，手馘數人，與二將俱戰死。事聞，贈太僕卿。

萬斯同《明史》卷三百七十八《忠義傳》、《雍正江西通志》卷五十八、《雍正浙江通志》卷一百六十四、《雍正廣西通志》卷五十三、《道光廣東通志》卷二百四十四《宦績錄十四》並稱其「字君啟」，與黃虞稷之說不同。而查繼佐《罪惟錄》列傳卷十二下載：「陸夢龍，別號景鄴，字君啟」；張岱《石匱書後集》卷十九《陸夢龍列傳》載：「陸夢龍，字君啟，號景鄴」。黃虞稷似誤以邿為字。

其戰死之日期，趙吉士《寄園寄所寄》卷九《裂眥寄》載：

> 崇禎七年固原道陸夢龍。閏八月二十五日，賊圍靜寧州，夢龍來援，兵
> 敗死。〔註30〕

〔註30〕（清）趙吉士《寄園寄所寄》，清康熙三十五年刻本。

可補諸書之未備。

《四庫全書總目》卷八「易類存目二」著錄《易略》三卷，稱：

> 夢龍字君啟，會稽人。萬曆庚戌進士。官至山東按察司副使。調陝西，進布政司參政，分守固原。以奮擊土寇戰歿，贈太僕寺卿。事蹟附見《明史・張問達傳》。是書隨筆標識，不載《經》文，頗融會宋儒之說，而參以史事。大抵亦推尋文句之學。惟不取《河圖》、《洛書》之說，則頗有卓見。

《易略》三卷，今有明崇禎元年顧戀樊刻本，見錄《四庫全書存目叢書》經部第 19 冊，卷首有崇禎元年徐如珩序、戊辰顧戀樊《刻陸先生易略序》，《經義考》失載。

（1129）文翔鳳《邵窩易詁》

按：《經義考》著錄文翔鳳《邵窩易詁》一卷，引李因篤之說，稱：「先生字太青，西安三水人。萬曆庚戌進士，南京光祿少卿。」錄翔鳳《自述》，曰：「邵子安樂窩在天津之畔乎？屢以祀謁先天堂，則登皇極之臺，北眺邙、洛，南揖嵩、伊，想見皇帝王伯雪月風花之襟，聊為從者繹《河圖》、《洛書》象數之略云。」

錢謙益《列朝詩集》丁集卷十六《文少卿翔鳳》載：

> 翔鳳字天瑞，三水人，萬曆庚戌進士。除萊陽知縣，調伊縣，遷南京吏部主事，以副使提學山西，入為光祿少卿，不赴，卒於家。天瑞父在茲，舉萬曆甲戌進士，以程文奇異為禮官所糾，遂不復仕，作梅花詩至萬五千言。講德摛詞，以奧古為宗。天瑞纘承家學，彌益演迤。庚戌朱卷房考，雷檢討思霈鉤稽段落，以青筆乙其處，始就句讀。其論學以事天為極，則力排西來之教，著《太微》以翼《易》，謂《太玄》、《潛虛》未窺其藩。余將行，攜其稿過邸舍，再拜付余，語人曰：「太微南矣，余愧不能為桓譚也。」以辭賦為專門絕學，覃思腐毫，必欲追配古人。嘗稱曰：「屈、宋、枚、馬生知之，聖也，神至於不可知；揚學知之，聖也，大而化矣；班、張、左大賢也，充實有光輝而未果化；潘、陸以後，充實而美矣，光輝乎何居？余欲建子雲以為師，友太沖與之為朋，而未之逮也。」作《金陵六賦》以當京都，蓋其大志如此。其為詩，離奇矗兀，不經繩削，馳騁其才力，可與唐之劉叉、馬異角奇鬥險。晚作嘉蓮詩七言今體，至四

百餘首，亦古未有也。天瑞白晰長身，秀眉飄鬌，風神標格，如世所圖畫文昌者。其為人忠孝誠敬，開明豈弟，迥然非世之君子也。初第時，與余辯論佛學，數日夜不寢食，曰：「子姑無困我。」庚申冬，以國喪會闕門，極論近代詩文俗學，祈其改而從古。天瑞告王季木曰：「虞山兄再困我矣。」天瑞與余不為苟同如此。然而如天瑞之文賦，牢籠負涵，波譎雲詭，其學問淵博千古，真如貫珠，其筆力雄健一言，可以扛鼎。世之人或驚怖如河漢，或引繩為批格，要不能不謂之異人，不能不謂之才子也。文中子曰：「揚子雲，古之振奇人也。」余於天瑞亦云。〔註31〕

張岱《石匱書》卷二百七下《文翔鳳傳》與此基本相同。

朱彝尊《靜志居詩話》卷十七載：

> 文翔鳳，字天瑞，西安三水人。萬曆庚戌進士，除萊陽知縣，調伊陽，再調洛陽，遷南禮部主事，調吏部，升山西提學副使，入為光祿少卿。有伊川海日雲門諸集。

> 學有異端，詩亦有異端，文太青、王季重是已。《望唐陵》云：「北望唐家十八陵，寢園貴主亦相仍。惟將憲廟除樵採，不為明皇具禴蒸。幸蜀山川幾板蕩，平淮天地再清澄。奉先橋首堯山好，柏路遲探憾未能。」〔註32〕

其人之風貌、學術可知。

文翔鳳著有《皇極篇》二十七卷，明萬曆刻本，見錄《四庫禁燬書叢刊》集部第 49 冊，卷首有丁巳九月自序。卷二十一《洛書子於邁錄》，中有《邵窩易話》一篇，卷首云：「邵子安樂窩在天津之畔，予屢以祀謁先天堂，則輒登皇極之臺，北眺邙、洛，南揖嵩、伊，想見皇王帝伯雪月風花之襟，聊為從者繹《河圖》、《洛書》數之略。圖書之淵在邦域，康節又大易主盟，倘夫子之聞而竊笑，則願規我，假痒之簟矣。」翔鳳《自述》即本於此。首句中「乎」字，《新校》有校記云：「『乎』，《四庫薈要》本誤作『予』。」實則「予」字不誤，而「乎」字誤。

其著述，《四庫全書存目叢書》子部第 58 冊錄其《太微經》九卷，明萬

〔註31〕 （清）錢謙益，《列朝詩集小傳》，上海古籍出版社，2008 年版，第 652～653 頁。

〔註32〕 （清）朱彝尊《靜志居詩話》，清嘉慶扶荔山房刻本。

曆刻本；《四庫全書存目叢書》集部第184冊錄其《東極篇》四卷，明萬曆刻文太青先生全集本；又《文太青先生文集》二卷，抄本；《四庫禁燬書叢刊》子部第11冊錄其《南極篇》二十二卷，明萬曆刻本；《說郛》錄其《雲夢藥溪談》一卷、《朝京打馬格》一卷。

其中，《太微經》，萬斯同《明史》卷一百三十五著錄為十卷。而《四庫全書總目》卷一百一十「術數類存目一著錄為二十卷，稱：

> 其作此書，蓋以擬《易》，凡四經、十二贊、十二圖、六十四緯、四表為一百篇。其卦畫以白黑代連斷，每卦分上、中、下。始於四象，重之為十六星，參之為六十四亻素，三百八十四斯。又參其畫為十，為×，為⊥，為⊤，凡策數二萬四千五百六十。以參兩之法乘《河圖》之數推之，為日數十八萬兆。以太微之變爻交太玄之變爻推之，為月數一萬億兆。四經者，一曰《昱經》，以律天道；二曰《黀經》，以律王道；三曰《堯經》，以律聖道；四曰《顥經》，以律神道。以四經會八卦，列之贊圖，合以緯表，為二十卷。大旨以周子《太極圖說》言無極為未安，故據《虞書》「道心惟微」語命此名。又以揚雄《太玄》與曆數合，而易理未協，司馬光《潛虛》則參差不倫，邵子開物閉物之數止推至八萬餘年，猶有所極，因旁通交闡，積二十六年而其書始成，其用力亦云勤至。然易象之精微，六十四卦俱闡之矣，所應發揮者，《十翼》已發揮之矣，外此皆聖人所不言也。聖人所不言，而術數家必強言之，其支離輟輵也固宜。如翔鳳者，所謂誤用其心者歟！

則為擬經之作，《經義考》失載。

（1130頁）卓爾康《易學全書》

按：《經義考》著錄卓爾康《易學全書》五十卷，引錢謙益志墓之文。

檢錢謙益《牧齋有學集》卷三十二有《卓去病先生墓誌銘》，《經義考》所引，即節錄此篇。文長不錄。

萬斯同《明史》卷三百八十五《儒林傳》載：

> 卓爾康，字去病，仁和人。萬曆四十年舉於鄉。本生母卒，終喪三年。初授祥符教諭，入為國子學錄，歷兵部司務、南京刑部員外郎、工部郎中，坐事貶常州府簡較〔註33〕，量移大同推官，遷兩

〔註33〕錢謙益《卓去病先生墓誌銘》亦作「簡較」。《新校》有校記云：「『簡較』，依

淮運司判官，罷歸。賊陷京師，年已七十五，悲憤遘病卒。爾康為
人孤峭介特，憤時俗，重進士科，厚自濯濯，所至不屑浮況，尤究
心經濟。神宗時，河決山東，爾康適下第，還南京，急遣使裹糧往
視，儕輩咸目笑之。舟車南北，每迂道沿洄，訪問河淮分合形勢，
作《河渠議》十篇。他若禮樂、郊廟、財賦、轉運、錢法、官制，各
有成書。其於兵事尤善。人初以為迂，及官大同，盧象昇方為總督，
重爾康，將吏謁見畢，輒延入後堂，揖使上坐，諮兵事，爾康謝不
敏，則隅坐抗談，漏下乃已。象昇用其策，奏效為多。其於學無所
不該，而尤邃於經術，所著《易說》五十卷、《詩學》四十卷、《春秋
辨義》四十卷，談經者尚之。文震孟進講《春秋》，將錄其書以獻，
會去官不果。其他詩文又二十卷。〔註34〕

朱彝尊《靜志居詩話》卷十七載：

　　卓爾康，字去病，仁和人。萬曆壬子舉人。有《修余堂集》。

　　去病康濟之才，著書等身，惜不甚傳。詩特霧豹一斑，《爾招友
吉祥寺看梅》云：「言別長干久，相思積雨重。忽驚梅蕊發，如與故人
逢。入寺幽香繞，方春冷豔濃。憐君疎傲似，相對益情鍾。」〔註35〕

其著述，《千頃堂書目》卷二十六著錄《易學全書》五十卷、《詩學全書》
四十卷、《春秋辨義》四十卷、《農山文集》三十卷。《經義考》卷一百一十五
著錄《詩學全書》四十卷、卷二百〇六著錄《春秋辨義》三十卷〔註36〕。劉
毓慶、賈培俊《歷代詩經著述考（明代）》除《詩學全書》外，還著錄其《國
風說》，稱「未見」〔註37〕，《經義考》失載。

《四庫全書總目》卷八「易類存目二」著錄《易學殘本》十二卷，稱：

　　爾康字去病，仁和人。萬曆壬子舉人。官至工部屯田司郎中，
謫常州府檢校，後終於兩淮鹽運通判。據《明史·藝文志》載，爾
康《易學》五十卷。此本僅存《圖》一卷，《圖說》六卷及《說卦傳》
二卷，《序卦傳》二卷，《雜卦傳》一卷。每卷首但有「卷之」二字，

《四庫薈要》本應作『檢校』」，似不確。

〔註34〕（清）萬斯同《明史》，清抄本。

〔註35〕（清）朱彝尊《靜志居詩話》，清嘉慶扶荔山房刻本。

〔註36〕《四庫全書總目》卷二十八著錄為三十九卷，丁丙《善本書室藏書志》卷三著
　　　　錄抄本三十九卷。《景印文淵閣四庫全書》第170冊收錄《春秋辨義》三十卷
　　　　卷首八卷。

〔註37〕劉毓慶、賈培俊《歷代詩經著述考（明代）》，中華書局，2008年版，第206頁。

而空其數，蓋刊刻未竟之本也。其大旨附會《河》、《洛》，推演奇偶，紛紜輳輻，展卷如曆家之數表。所謂聖人因象示教之本旨，渺不知其所在。以此為作《易》之奧，則老算博士人人皆妙契先天矣。其首列為起數之根者，有《古河圖》、《古洛書》、陳希夷《龍圖別傳》。《古河圖》、《今河圖》、《古洛書》、《今洛書》。豈龍馬所負一圖，而有此四本。神龜所呈一書，而有此兩本耶？抑後人以意造作也。為書如是，其完也不足貴，其闕也亦不足惜矣。

《四庫全書存目叢書補編》第90～91冊收錄《易學全書》五十卷，係明刻本配舊抄本，卷首有傳，錄自《仁和縣志‧儒林傳》，無序。

（1130）林齊聖《易編》

按：《經義考》著錄林齊聖《易編》，稱「未見」，錄自序。引高兆之說，稱：「林齊聖，字司一，莆田人。萬曆壬子舉人，官同知。」

其人其書不詳。

（1131）繆昌期《周易會通》

按：《經義考》著錄繆昌期《周易會通》十二卷，引張雲章之說〔註38〕，稱：「公江陰人，萬曆癸丑進士，歷官左春坊左諭德。殉璫難，贈詹事，諡文貞。其書弟子饒秉監等所述。」

金日昇《頌天臚筆》卷七《贈廕》有《贈詹事府詹事翰林院侍讀學士繆》、《繆西谿太史自序》，張岱《石匱書》卷一百九十八、萬斯同《明史》卷三百五十二、《罪惟錄》列傳卷十三下、汪有典《史外》卷六、《東林列傳》卷四、《啟禎野乘一集》卷五、《靜志居詩話》卷十七、《乾隆江南通志》卷一百四十二、張廷玉《明史》卷二百四十五並有傳。上海書店版《叢書集成續編》第118冊收錄繆昌期《從野堂存稿》八卷補遺一卷，及繆之鎔撰《年譜》一卷。〔註39〕錄張廷玉《明史》傳如下：

　　繆昌期，字當時，江陰人。為諸生有盛名，舉萬曆四十一年進士，改庶吉士，年五十有二矣。有同年生忌之，揚言為於玉立所薦，自是有東林之目。張差梃擊事，劉廷元倡言瘋癲，劉光復和之，疏

〔註38〕張雲章著《樸村文集》二十四卷、《樸村詩集》十三卷（《清代詩文集彙編》第175冊）。其中，文集有寫給朱彝尊的書信數通。

〔註39〕繆幸龍主編《江陰東興繆氏家集》上冊載錄繆昌期之傳記亦多，計有錢謙益、《明史》、《崇禎江陰縣志》、金日昇、張岱、龔立本、張瑋、陳鼎、孫慎行、吳應箕、汪有典、鄒漪、趙吉士、繆敬持、《自述》，亦可參。

詆發訐者，謂不當詫之為奇貨，居之為元功。昌期憤，語朝士曰：「奸徒狙擊青宮，此何等事，乃以『瘋癲』二字庇天下亂臣賊子，以『奇貨元功』四字沒天下忠臣義士哉！」廷元輩聞其語，深疾之。給事中劉文炳劾大學士吳道南，遂陰詆昌期。時方授檢討，文炳再疏顯攻，昌期即移疾去。既而京察，廷元輩復思中之，學士劉一燝力持乃免。天啟元年還朝。一燝以次輔當國。其冬，首輔葉向高至。小人間一燝於向高，謂欲沮其來，向高不悅。會給事中孫傑承魏忠賢指，劾一燝及周嘉謨，忠賢遽傳旨允放。昌期急詣向高，力言二人顧命重臣，不可輕逐，內傳不可奉。向高怫然曰：「上所傳，何敢不奉？」昌期曰：「公，三朝老臣。始至之日，以去就力爭，必可得也。若一傳而放兩大臣，異日天子手滑，不復可止矣。」向高默然。昌期因備言一燝質直無他腸，向高意少解。會顧大章亦為向高言之，一燝乃得善去。兩人故向高門下士也。昌期尋遷左贊善，進諭德。楊漣劾忠賢疏上，昌期適過向高。向高曰：「楊君此疏太率易。其人於上前時有匡正。鳥飛入宮，上乘梯手攫之，其人挽衣不得上。有小璫賜緋者，叱曰：『此非汝分，雖賜不得衣也。』其強直如此。是疏行，安得此小心謹慎之人在上左右？」昌期愕然曰：「誰為此言以誤公？可斬也。」向高色變，昌期徐起去。語聞於漣，漣怒。向高亦內慚，密具揭，請帝允忠賢辭，忠賢大慍。會有言漣疏乃昌期代草者，忠賢遂深怒不可解。及向高去，韓爌秉政，忠賢逐趙南星、高攀龍、魏大中及漣、光斗，爌皆具揭懇留。忠賢及其黨謂昌期實左右之。而昌期於諸人去國，率送之郊外，執手太息，由是忠賢益恨。昌期知勢不可留，具疏乞假，遂落職閒住。五年春，以汪文言獄詞連及，削職提問。忠賢恨不置。明年二月復於他疏責昌期已削籍猶冠蓋延賓，令緹騎逮問。逾月，復入之李實疏中，下詔獄。昌期慷慨對簿，詞氣不撓，竟坐贓三千，五毒備至。四月晦，斃於獄。莊烈帝即位，贈詹事兼侍讀學士，錄其一子，詔並予諡。而是時，姚希孟以詞臣持物論，雅不善左光斗、周宗建，力尼之，遂並昌期及周起元、李應升、黃尊素、周朝瑞、袁化中、顧大章，皆不獲諡。福王時，始諡文貞。

繆幸龍主編《江陰東興繆氏家集》載錄長庚館主人《四書九鼎序》、陳繼

儒《刻繆昌期先生四書九鼎序》、周延儒《新鐫繆當時先生周易九鼎序》，以及
《從野堂存稿》諸序跋〔註40〕。其中，《新鐫繆當時先生周易九鼎序》云：

> 邇繆當時先生，既詮次《四書九鼎》，復纂《義經大成》，以《大
> 全》為令甲，存其籲明；諸儒為列宿，掇其腠理。可以陶冶乾坤，
> 彙篇萬有，數無不經緯五行，而信縮元會也者，仍翼《四書》曰「九
> 鼎」。

知繆昌期著有《四書九鼎》、《周易九鼎》，《經義考》失載。《周易會通》與《周
易九鼎》是否為同書異名，今不可知。

王重民《中國善本書提要》著錄《周易會通》十二卷十冊，係明萬曆間刻
本，稱：

> 原題：「繆昌期當時甫閱，熊秉鑑元明甫、程策獻可甫訂，汪邦
> 柱砥之甫、江枬楚余甫同輯。」是書凡例稱：凡先代注疏，名儒語
> 錄，及近日時說，一議一見，皆條入無遺。」卷端有姓氏題名，凡
> 一百七十餘家。實則多為舊本所有，新採入者並不多也。〔凡新採入
> 者始標姓氏。〕姓氏題名末題云：「星源詹國俊用章甫，休寧梅田江
> 氏生生館梓行。仍有外篇十卷，在後續刻。」今未見外篇。
>
> 繆昌期序 〔萬曆四十五年（一六一七）〕
>
> 壬啟泰跋 〔萬曆四十五年（一六一七）〕〔註41〕

則此書並非繆昌期所撰。此卷（1141頁，見後）又著錄汪邦柱《周易會通》十
二卷，《經義考》恰引繆昌期序，與王重民所載合，實為同一書，《經義考》重
複著錄。

（1131頁）羅喻義《讀易內篇問篇外篇》

按：《經義考》著錄羅喻義《讀易內篇問篇外篇》七卷，錄喻義總序、序
內篇、序續內篇、序問篇、序外篇。引張雲章之說，介紹其人其書。

萬斯同《明史》卷三百六十二有傳，不言其表字，張廷玉《明史》卷二百
十六傳稱「字湘中」，與張雲章之說不同。

陶汝鼐《榮木堂合集》文集卷八《續人物類紀諸小傳·賢達》載：

> 羅喻義，號萸江，益陽人。公少與兄見義齊名，然刻意為制舉

〔註40〕繆幸龍主編《江陰東與繆氏家集》，上海古籍出版社，2014年版，第1740～
1744頁。

〔註41〕王重民《中國善本書提要》，上海古籍出版社，1983年版，第5頁。

文，常竟日不成一字，成即大得意，令讀者驚起。壬子掄魁，癸丑成進士，選庶常。喜讀經濟書，不留意詞翰。居官嚴冷，常杜門謝客，未輕接一人。壬戌分較禮闈北雍司業，時諸生陸萬齡等請為魏忠賢立祠太學右，公屬色呵止之，不得行，璫怒削籍，海內服其正直。毅皇初起，復宮端，晉禮侍郎，充日講官。會邊警，條上國計，進車戰法，為異己者所沮，不及用。乞歸，著書經年，宗黨罕見其面。然其晚節也若石慶之避相，而託少伯之居陶，以是名久不在金甌中。卒請恤典，未下而亂。所著述有《論語分篇》、《尚書是正》、《館課》一卷行世。〔註42〕

《千頃堂書目》卷一著錄《尚書是正》，卷二著錄《春秋是正》。《經義考》卷九十七著錄《洪範匯義》，卷二百〇六著錄《春秋野篇》，卷二百二十一著錄《論語分篇》，卷二百七十二著錄《周易陣圖》。失載《尚書是正》、《春秋是正》。

（1134頁）程玉潤《周易演旨》

按：《經義考》著錄程玉潤《周易演旨》六十五卷，引林增志、倪長玗二人之說，似為序。引陸元輔之說，稱：「玉潤，常熟人，萬曆癸丑進士。」

《四庫全書總目》卷八「易類存目二」著錄《易窺》，無卷數，稱：

> 玉潤字鉉吉，常熟人。萬曆癸丑進士。據《經義考》所引倪長玗語，知其嘗官部郎，始末則未能詳也。然《經義考》但載程玉潤《周易演旨》六十五卷，而無《易窺》之名。又此書僅有十冊，不分卷數，亦與六十五卷不合。惟所解止上、下經，與程子《易傳》同。其大意在申暢程《傳》，凡《傳》義與朱子《本義》異同者，多調停其說。與倪長玗所稱取正叔先生《傳》而增益之者，宗旨相符。或原名《易窺》，後改《演旨》，此猶其初稿。後以一卦為一卷，並《總論》為六十五卷。此稿則尚未分卷歟？今未見《演旨》，其為一為二，莫之考矣。

《四庫全書存目叢書》經部第19～20冊收錄《易窺》，不分卷，明抄本，無序。

《同治蘇州府志》卷六十《選舉二·明進士》「萬曆四十一年癸丑周延儒榜」載常熟程玉潤，注：「鉉吉。易州知州。」卷六十一《選舉三·明舉人》「萬曆二十五年丁酉科」載（常熟）程玉潤，注：「見進士。」卷六十二《選

〔註42〕（明）陶汝鼐《榮木堂合集》，《四庫禁燬書叢刊》集部第85冊，第605頁。

舉四·明貢生》「萬曆間」載程玉潤，注：「見進士。二十四年拔貢。」卷一百三十八《藝文三》著錄程玉潤《周易演旨》六十五卷，注：「《經義考》作《易窺》六十卷，字鉉吉，易州知州」，《經義考》並非如此，誤。

另外，楊守勤《寧澹齋全集》文集卷十一有《直隸保定府易州知州程玉潤誥命》，稱：

> 制曰：方州重任，而畿輔諸地號稱股肱，郡雖朝施暮暨，猶賴賢長吏奉宣德意而致之。民自非通才，曷克濟已。爾直隸保定府易州知州程玉潤，宏才粹品，雅範沖獄，奉對明庭，筮仕州牧，而□清嚴獨運，敏練□長。寓撫字於催科，桑麻遍野；以牧芻為保障，驥騄超群。醨法疏通，商賈動歸市之願；軍儲宿飽，卒伍無脫巾之呼。福星聚於一方，惠澤成於三載。茲授爾階奉直大夫，錫之誥命。
>
> 《詩》不云乎：「夙夜匪懈，虔共爾位」，此上臣之極軌也。其或始淬勵而終倦勤，朕奚取焉。尚矢心匪懈，益著虔共，以竟爾成，將選諸所表，不次用之。欽哉！〔註43〕

知其為良吏。

（1134頁）俞士瑛《周易眇說》

按：《經義考》著錄俞士瑛《周易眇說》，不言卷數，稱「佚」。引葉向高志墓之文，稱：「君諱士瑛，字子偉，新會人。萬曆癸丑進士。甫登第而歿。所著有《周易眇說》。」

葉向高之說見《蒼霞餘草》卷九《明進士養浩俞君墓誌銘》，云：

> 君俞姓，廣之新會華萼里人也。自其始祖明集公七傳至君。諱士瑛，字子偉，別號養浩。以萬曆癸丑成進士。時余為考官，從闈中得子偉卷，甚喜，以冠其本房，廷試列三甲，觀吏部政。是時，子偉年已四十七。當子偉髫年，已有文名。試郡邑，常居高等。至督學使者輒見遺。年三十，乃為吾鄉章閣陳公所拔，補弟子員。又更十七年，為歲壬子，乃舉於鄉，隨登第。人謂子偉厄久始通，才高而遇合，遲緩乃爾，是且有駿樹。顧亡何，而子偉奄逝矣。自其鄉之人與四方交遊同舉之士，無不歎息，以為造物既成就子偉，何復奪之？間有未識子偉而讀其文章、想慕其人者，亦相與駭惋，謂世有如此才，不得效一日用耶？子偉為人重厚謹飭，篤於行誼，言

〔註43〕 （明）楊守勤《寧澹齋全集》，明末刻本。

笑不苟。自其大父克誠公已有隱德，父嘉曉公繼之。有四弟，皆幼
孤，賴嘉曉公而立。子偉亦有三弟：仲士、瑤叔、士璜，皆與子偉
同母；季士璘，庶出，子偉視之如一。並其從弟士琮，咸相友愛。
琮與子偉同治業，同領鄉書。子偉之沒，諸弟皆哭之盡哀，曰兄實
成我，與罔極同。而當子偉之先後喪二親，摧毀皆幾滅性。故粵人
稱家世孝友，咸推俞氏。子偉之甫登第而奪之年，信天道之茫昧耶？
子偉娶於袁，生一女，以適伍繼曾。妾黃氏。二女俱幼，以其弟璜
之子夢桂為嗣。所著《讀史要》、《易眇說》等書俱未脫稿。生於隆
慶丁卯年十一月初五日，卒於萬曆癸丑年五月二十九日。家貧不克
襄事。又逾五年，為萬曆戊午年某月某日，乃葬，墓在某山。士瑤
先期匍匐，走數千里，來乞余銘屬。余以病謝筆研，士瑤怏怏去。
已而思之南宮之役，余所舉士三百五十人，不數年間，化為異物者
已不少矣，其存而諱稱門下士者亦或有之，而子偉獨有弟，能走數
千里，必欲得余之一言，是必深悼其兄之沒，而猶幸其出余之門下，
不以為諱者。此其志亦足尚也，故復悲而志之。獨惜子偉困經生久，
登第不滿三月，無所表見，余所敘述止此，要亦足以見子偉矣。銘
曰：生於粵，卒於燕。初登第，胡遽然。貧如憲，行如騫。年雖夭，
尚逾淵。全者人，畸者天。歸茲穴，傷哉賢！〔註44〕
其生平可知。

（1135頁）姜山斗《大易闡庸》

按：《經義考》著錄姜山斗《大易闡庸》三十卷，稱「未見」。引陸元輔之
說，稱：「山斗，字文河，直隸通州人。萬曆乙卯舉人。」

其人其書不詳。

（1135頁）馮洪業《易羨》

按：《經義考》著錄馮洪業《易羨》六卷，稱「未見」。引高佑釲之說，
稱：「洪業，字茂遠，平湖人。萬曆乙卯舉人。」

盛楓《嘉禾徵獻錄》卷十八載馮洪業傳，稱：

洪業字茂遠，萬曆乙卯舉人。父伯禮客死，徒跣奔喪。家失火，
母樓居，負出烈焰中，鬢髮俱焦。性不樂仕，而慕升舉，謂神仙可
學而至。別業一區，為汝弼所築，花木水石亭館甲一郡，洪業增修

〔註44〕 （明）葉向高《蒼霞餘草》，明萬曆刻本。

之，屏居其中，四面皆水，為浮梁以通往來，無事撤去。貴客至，
欲見之，疾呼不一應。邑學宮圮，出千金繕治，又買良田千畝贍族。
年七十八卒，著《易羨》六卷。〔註45〕

所載較高佑釲為詳。

（1135頁）錢士升《易揆》

按：《經義考》著錄錢士升《易揆》十二卷，錄許譽卿序。引子葇之說。

《四庫全書總目》卷八「易類存目二」著錄《周易揆》十二卷，稱：

> 士升字抑之，嘉善人。萬曆丙辰進士第一。官至文淵閣大學士。
> 事蹟附見《明史・錢龍錫傳》。是書用注疏本，雜採前人之說，斷以
> 己意。許譽卿《序》云：「邵子揆諸氣，程子揆諸理，朱子揆諸象。」
> 此書自《屯》以下，於每卦前設互卦，後設對卦，舉氣與理、象而
> 兼融之，此《揆》之所以名也。在明人《易》解中持擇尚為詳審。特
> 溺於河洛反對之說，體例糾紛，未能盡除錮習耳。

《續修四庫全書》第13冊、《四庫全書存目叢書》經部第20～21冊收錄
《周易揆》十二卷，係清順治間賜餘堂刻本。卷首有曹勳序、許譽卿序、正止
序、癸巳子葇《小引》。《經義考》所錄皆有省略，且失載曹勳、正止二序。

錢士升之生平，可參清人許重熙編《錢抑之年譜》。其著述，《四庫禁燬書
叢刊》集部第10冊收錄《賜餘堂集》十卷，附許重熙所編年譜；《四庫全書存
目叢書》史部第31冊收錄《南宋書》六十八卷、第55冊收錄《遜國逸書四
種》四卷、第110冊收錄《皇明表忠紀》十卷附錄一卷。

（1138頁）錢繼登《易簪》

按：《經義考》著錄錢繼登《易簪》三卷。引魏坤之說，稱：「龍門錢先
生撰《易簪》三卷。先生中萬曆丙辰進士，官至右僉都御史，總理兩淮鹽法
江防。」

盛楓《嘉禾徵獻錄》卷一錢繼登傳，稱：

> 繼登字爾先，號龍門，萬曆乙卯舉人，丙辰進士。釋褐刑部主
> 事，陞貴州司郎中，出知饒州府，遷江西副使。丁憂，起江西糧運
> 副使，歷蘇松兵備，坐事落職，謫戍建陽。壬午，吏部尚書鄭三俊
> 薦起補山西僉事，入南臺建召為光祿少卿，出理兩淮鹽法兼督江防，
> 兼右僉都御史。命下而南都陷，不赴歸。康熙壬子乃卒，年七十九。

〔註45〕（清）盛楓《嘉禾徵獻錄》，清抄本。

有《壑專堂集》、《東皋問耕錄》、《易窺》、《經義考》作《易簣》三卷。《孫
武子繹》、《南華拈笑》、《經世環應編》行世。

據此，則其書名一作「《易窺》」。

《雍正浙江通志》卷二百四十一著錄「《易簣》三卷。黃氏書目。錢繼登撰」，
卷二百四十四著錄「《經濟環應編》六卷。《嘉禾徵獻錄》。錢繼登著」，卷二百四
十五著錄「《南華拈笑》。《嘉禾徵獻錄》。錢繼登著」，卷二百四十六著錄「《東皋
問耕錄》。《嘉禾徵獻錄》。錢繼登著」，卷二百四十七著錄「《孫武子繹》。《嘉禾徵
獻錄》。錢繼登著」、卷二百五十一著錄「《壑專堂集》。《檇李詩繫》。錢繼登著，字爾
先，嘉善人」。其中，黃虞稷《千頃堂書目》卷二十六著錄「錢繼登《壑專堂集》
字爾先，嘉善人」，並未著錄《易簣》三卷，《雍正浙江通志》不知何據。另外，
祁承爜《澹生堂藏書目》著錄錢繼登《經世環應編》八卷，四冊，卷數與《雍
正浙江通志》不同。

（1138頁）吳極《易學》

按：《經義考》著錄吳極《易學》五卷，錄自序。引張雲章之說，稱：「吳
極，字元無，漢陽人。萬曆丙辰進士。」

《四庫全書總目》卷八「易類存目二」著錄《易學》五卷，稱：

> 極字元無，漢陽人。萬曆丙辰進士。嘗官知縣，而其所官之地
> 則不可考。是編首有天啟丙寅《自序》，謂初好讀《易》，即尋究萬
> 廷言《易原》一書，恍然有得。迨三仕南中，官邸多暇，日以樂玩
> 為業。研證既久，翻搜亦侈。其不甚異意者，於程子《易傳》外，獨
> 楊簡之《己易》、蘇軾之《易解》、焦竑之《易筌》、鄒德溥之《易會》，
> 以故編中多採四家之書云。

此本今未見，但《自序》作於天啟丙寅，可補《經義考》錄文之闕。

（1139頁）方孔炤《周易時論》

按：《經義考》著錄方孔炤《周易時論》十五卷，錄孔炤《自述》。引徐芳
之說，介紹其傳。

《四庫全書總目》卷八「易類存目二」著錄《周易時論合編》二十二卷，
稱：

> 孔炤字潛夫，號仁植，桐城人。萬曆丙辰進士。官至右僉都御
> 史，巡撫湖廣。為楊嗣昌劾罷逮治，謫戍，久之釋歸。崇禎末起故
> 官，屯田山東、河北，兼理軍務。事蹟附見《明史・鄭崇儉傳》。是

書即其罷官後所著。凡《圖像幾表》八卷、上下經、《繫辭》、《說卦》、《序卦》、《雜卦》十五卷。其立說以時為主，故名《時論》。蓋孔炤初筮仕，即攖璫禍。及膺封疆之任，值時事孔棘，又遭齮齕。有所憂患而發於言，類多證據史事，感慨激烈。其講象數，窮極幽渺，與當時黃道周、董說諸家相近。孔炤自著《凡例》，稱少侍先廷尉，教以三陳九卦。案孔炤父大鎮，字君靜，萬曆己丑進士，官大理寺少卿，著有《易意》四卷，載朱彝尊《經義考》。則《易》固其家學也。是編刊於順治庚子，前有李世洽《序》。《經義考》作十五卷，或朱彝尊所見之本無《圖像幾表》歟？

所載書名、卷數與《經義考》不同。

《周易時論合編》含《圖像幾表》八卷、《周易時論合編》十五卷，今有清順治十七年白華堂刻本，見錄《四庫全書存目叢書》經部第 21 冊、《續修四庫全書》第 15 冊。卷首有順治十七年李世洽序、方鯤序、余颺序、崇禎辛巳黃道周詩、崇禎甲申白瑜序、子中德跋、子中履記。次為目錄，又方以智《後跋》。

彭迎喜《方以智與〈周易時論合編〉考》附錄四《方孔炤生平資料選》，依次迻錄《心學宗續編》卷三梅文鼎所作小傳、《經義考》卷六十一徐芳所作小傳、《明史·鄭崇儉傳》附孔炤傳、《桐城耆舊傳》卷五《方巡撫傳弟四十七》。〔註46〕此外，金日昇《頌天臚筆》卷十三中《起用》、萬斯同《明史》卷三百六十一、《乾隆江南通志》卷一百四十六、《小腆紀傳》卷五十六亦有其傳。錄《桐城耆舊傳》傳文如下：

> 方公諱孔炤，字潛夫，號仁植，廷尉大鎮子也。萬曆四十四年進士，除嘉定州知州，調福寧州，入為兵部主事。天啟初，廷尉方為御史，與鄒忠介、高忠憲、顧端文諸公講學首善書院，天下欣然望治。於時公亦歷官員外，擢職方司郎中。未幾而逆閹用事，諸賢相次罷。邊事棘，樞曹選帥，率通賄得規避，公疏劾之。魏忠賢欲進封兄子良卿伯爵，公執不可，忠賢怒，削籍歸。崇禎改元，起職方郎中，遷尚寶卿。丁廷尉憂，廬墓三年。縣民倡變，率鄉人討平之。時流賊儌擾楚、豫，因益議廣儲積，備器械，為固圉計，城賴

〔註46〕彭迎喜《方以智與〈周易時論合編〉考》，中山大學出版社，2007 年版，第 230～232 頁。

以全。服除，補原官。尋以僉都御史巡撫湖廣。始泣任，賊已由鄖
陽渡河。公所部號萬人，備多力分，騎兵不及十一。擊賊李萬慶等
於承天，八戰皆捷。時總理熊文燦主撫議，納張獻忠降於穀城，授
副將。嗣是詐言求撫者踵至，公力爭撫賊之誤，條上八議，格不行。
逾年，乃有分地撫馭之命。公嚴備，遏賊南下。未幾，獻忠復叛，
知有備，引而西。又遏賊荊門、當陽，有來家河、神通堡之捷，獻
陵竟得保。已而賊屯興山，楊嗣昌檄楚、川、沅三師夾攻，賊宵遁。
公知賊狡謀，下令楚軍將止屯勿進。而楚軍二將已迫嗣昌檄，違節
制，深入至香油坪，賊果大集，楚師援絕，遂潰。先是，嗣昌檄楚
將進兵，又調公駐襄陽，相距八百里。及聞楚師敗，約沅、川二師
赴援，二師嗣昌又檄調他去。公乃獨率麾下千餘人疾馳，抵竹山而
楚師已前潰六日，於是公至亦被圍。嗣昌之代文燦也，亦專主撫，
而公主剿。異議至是，遂劾公失機，逮下獄。長子以智齧血濡疏訟
冤，得減罪，遣戍紹興。久之，用薦復官，命督山東軍務。未行而
京師陷，遂奉母南奔，歸隱白鹿山。前在園中與黃石齋先生論《易》，
既歸，益潛心經訓。著《周易時論》二十二卷、《尚書世論》二卷、
《詩經永論》四卷、《禮節論》若干卷、《春秋竊論》二卷、《全邊紀
略》十二卷、《撫楚疏稿》四卷、《環中堂集》十二卷。門人私諡曰
貞述。〔註47〕

方孔炤經學著述頗多。《經義考》於《周易時論》外，僅於卷二百〇六著
錄《春秋竊論》，僅稱「未見」。他書均失載。

（1141頁）徐世淳《易就》

按：《經義考》著錄徐世淳《易就》六卷，引魏禧之說、陸嘉徵之說，介
紹其生平。

魏禧之說錄自《魏叔子文集外篇》卷八《殉節錄敘》，且文句順序有變更。
《湖北文徵（全本）》第5卷有梁凝祺《知州徐世淳菾隨殉難實錄》，紀錄殉難
較詳。《罪惟錄》列傳卷十二中、萬斯同《明史》卷三百七十九忠義傳、徐開
任《明名臣言行錄》卷九十、張廷玉《明史》卷二百九十二《忠義傳四》、沈
季友《檇李詩繫》卷十八並有傳。錄張廷玉《明史》傳如下：

徐世淳，字中明，秀水人。（下略）世淳，崇禎中舉人。十三年

〔註47〕馬其昶《桐城耆舊傳》，清宣統三年刻本。

冬，歷隨州知州。州嘗被賊，居民蕭然。世淳知賊必復至，集士民誓以死守。會歲大荒，士多就食粥廠，歎曰：「可使士以餒失禮乎？」分粟振之。潰兵過隨索餉，世淳授兵登陴，而單騎入見軍帥曰：「軍食不供，有司罪也。殺我足矣，請械我以見督師。」帥氣奪，斂眾去。明年三月，張獻忠自襄陽來犯，世淳寢食南城譙樓，曉夜固守，告急於巡撫宋一鶴。一鶴遣兵來援，為監司守承天者邀去。守月餘，援絕力窮，賊急攻南城，而潛兵墮北城以入。世淳命子肇梁藏印廨後，勒馬巷戰，矢貫頤，耳鼻橫斷，墜馬，亂刃斫死。肇梁奔赴，且哭且罵，賊將殺之，呼州人告以藏印處，乃死。世淳妾趙、王及臧獲十八人皆死。後贈太僕少卿，建祠，以肇梁祔。隨自十年正月陷，及是再陷，至七月復陷，判官余確死焉。三陷之後，城中幾無子遺。〔註48〕

《四庫全書總目》卷八「易類存目二」著錄《易就》六卷，稱：

> 世淳字中明，嘉興人。萬曆戊午舉人。官至隨州知州。張獻忠之亂，城破巷戰死。贈太僕寺卿。事蹟具《明史·忠義傳》。是書前有張溥《序》，比之王弼、胡瑗、王安石三家，而《序》多微辭，頗寓不滿之意。光時亨《序》則稱《易》當從自己性徹入，不可依傍先儒。蓋世淳命意如此。故其書似儒家之語錄，又似禪家之機鋒，非說經之正軌也。

《易就》今未見。提要所稱張溥《序》，見《七錄齋近集》卷三，題為《徐中明易就序》〔註49〕，云：

> 予少慕好邵、周、程、張五先生之書，讀而不全，懨歎若失。久之始得善本，則醉李徐京兆所刻於秣陵署中者也。因念道學蓁蕪，風俗異尚，浮圖、老子之言盛行中國。齒及宋儒，垂頭塞耳，或目攝而笑之，孰有如京兆之鐫磨表章、大光學校者哉！序言搜羅儒林，頗費日月。二程完書尤少，更五羊、中州諸本，卷帙乃備。復歎其信好之深，羽翮濂洛，久而不衰也。邇者獲交中明孝廉，乃京兆公子。余問起居何狀，則墓有宿草矣。中明乃大發遺集，使余遍讀之。最後出《易就》一書，則中明所自著也。《易》道閎深，義理象數，

〔註48〕 （清）張廷玉《明史》，清乾隆武英殿刻本。

〔註49〕 （明）張溥《七錄齋合集》，齊魯書社，2015年版，第389頁。

稱指各殊。惟伊川《易傳》本於茂叔，堯夫《先天》高出希夷，為宋
大儒所宗。中明趨庭之暇，習知源流，其說《易》也，直門庭書耳。

予幼習《易》，狃於俗學，空行三十年，未嘗一日望見。欲盡脫
訓詁，獨求性靈，則中流失船，又畏溺也。竊妄奮發，思遍析諸經，
然後得力治《易》。於是束《易》不談者有年矣。中明問序於予，是
欲起暗者而語也，其何能焉？然退惟四聖之《易》，畫而象，象而爻，
爻而翼贊。《易》至孔子止矣，未有不盡，以待後人者也。學者以百
家言《易》，不若以《十翼》言《易》。讀《易就》，予心開矣。

中明長君賢可，與予年齒相輩；次文可，季忠可，謬從予避。
三子含文抱質，卓犖著作之間。每為余言翁生平殫思係象，忘寢與
食，探丁寬之逸書，刊張弧之偽傳，其為《易》興衛也，石城湯池，
務世守焉。夫《易》學荒微，最患於明之者少，借之者多。時日占
候，禪靈玄修，莫不託《易》以行。究其津涯，同歸於無證之辭、
不折之獄。中明起而執其管籥，《易》乃南矣。昔有問《易》於程
子者，程子令其先看王輔嗣、胡安定、王介甫三家。予於《易就》
亦云。〔註50〕

可補《經義考》之闕。

（1141頁）汪邦柱《周易會通》

按：《經義考》著錄汪邦柱《周易會通》十二卷，錄繆昌期序〔註51〕。引
高佑釲之說，稱：「汪邦柱，字砥之，長洲人。萬曆己未進士，官湖廣參議。」

張世偉《自廣齋集》卷十三《汪節母程太孺人傳》、錢謙益《牧齋初學集》
卷三十五《汪母節壽序》均為其母所作。錢謙益稱：

吳郡汪邦柱，余之同年友也。邦柱少育於叔母程。程寡時年十
九。又八年，邦柱始生。萬曆丁巳，程年七十，於是程之為寡婦者
五十有一年，為寡母者四十有四年矣。〔註52〕

萬曆丁巳乃 1617 年，據此，可知汪邦柱之生年為明嘉靖四十三年
（1564）。

〔註50〕（明）張溥撰，曾肖點校《七錄齋合集》，齊魯書社，2015年版，第389頁。
〔註51〕繆幸龍主編《江陰東興繆氏家集》中冊載錄繆昌期文，有《從野堂存稿》一部
　　　及補遺十四篇，失收此序。
〔註52〕（清）錢謙益著，（清）錢曾箋注，錢仲聯標校《牧齋初學集》，上海古籍出版
　　　社，2009年版，第996頁。

《四庫全書總目》卷八「易類存目二」著錄《易經會通》十二卷，稱：

> 明王邦柱、江栴同撰。邦柱字砥之，萬曆丙午舉人。栴字楚餘。皆休寧人。其所徵引至一百七十餘家，然大旨本為舉業而設。故皆隨文衍義，罕所發明。其所標舉，有《全象合旨》、有《六爻合旨》，有《二卦合旨》，有《繫辭合旨》，亦皆不出講章窠臼。至於卷首列取象之義，分正體、互體、變體、複體、積體、移體、半體、似體、反體、伏體、對體諸例，自謂偶有巧合者，錄其一二，實則橫生枝節，隨意立名。蓋冗瑣無當，徒生轇轕而已。

《經義考》於作者僅提及汪邦柱，而遺漏江栴。今有明萬曆四十五年江氏生生館刻本，見錄《四庫全書存目叢書》經部第 18 冊。卷首有明萬曆丁巳繆昌期序、丁巳王啟泰跋。《經義考》所錄繆昌期序係節錄。王啟泰跋，《經義考》失載。

（1142 頁）葉憲祖《大易玉匙》

按：《經義考》著錄葉憲祖《大易玉匙》六卷，引黃百家之說，稱：「公字美度，號六桐，餘姚人。萬曆己未進士，仕至廣西按察使。」其中「字」，《文淵閣四庫》本《經義考》作「子」，《新校》失校。

《雍正浙江通志》卷一百八十載：

> 葉憲祖，《姚江逸詩傳》。字美度。萬曆己未進士。知新會縣，遷工部主事。逆璫建祠，不為監工，因削籍。崇禎間，累官湖廣副使，陞廣西按察使。與孫鑛以古文詞相期許，鑛刻畫字句之法，憲祖縱筆匠心，不沾沾於離合。所長尤在填詞，直追元人，與之上下。

焦循《劇說》卷五載：

> 葉憲祖，字美度，別號六桐，明萬曆己未進士。生平至處在填詞。一時玉茗、太乙，人所膾炙，而粉筐黛器，高張絕弦，其佳者亦是搜宋元人成句。公古澹本色，街談巷語，亦化神奇，得元人之髓。如《鸞篦》，借賈島以發二十餘年公車之苦，固有明第一手。吳石渠、袁令昭，詞家名手。石渠院本求公詆訶，然後敢出。令昭，則檞園弟子也。花晨月夕，徵歌按拍，一詞脫稿，即令伶人習之，刻日呈伎，使人猶見唐、宋士大夫之風流。檞園，公填詞別號也。見黃梨洲作《外舅廣西按察使六桐葉公墓誌銘》。〔註53〕

〔註53〕（清）焦循《劇說》，民國誦芬室讀曲叢刊本。

黃宗羲《外舅廣西按察使六桐葉公改葬墓誌銘》，見《南雷文定》卷五，今不錄。黃百家係黃宗羲之子，此處或恐有誤。另外，徐朔方《葉憲祖年譜》（載《徐朔方集》第 3 卷《晚明曲家年譜》）可參。

《大易玉匙》，其書不詳。

《經傳釋詞》引「某氏《傳》」考

王文暉

一、問題的提出

王引之《經傳釋詞》引「某氏《傳》」達 39 次之多，然皆不注明姓氏。王引之徵引他說，往往嚴格遵守學術規範，一一注明姓氏及書名，為何獨於「某氏」諱而不言？某氏為今人乎？為古人乎？為一人乎？為多人乎？某氏究係何人？「某氏《傳》」又究係何種《傳》？是出於為尊者諱？抑或避免門戶之爭而淡化處理？如此撲朔迷離，其中到底有何難言之隱？

二、材料與考證

為了解開重重疑團，我們有必要將《經傳釋詞》所引「某氏《傳》」的情況詳列如下，並一一詳加考證：

（1）以，猶「謂」也。……《廣雅》曰：「以，與也。」《書·盤庚》曰：「爾忱不屬，惟胥以沈。」某氏《傳》曰：「相與沉溺。」

今按：「某氏《傳》」即「《尚書》偽孔安國傳」。

（2）已，歎詞也。《書·大誥》曰：「已，予惟小子！」某氏《傳》曰：「已，發端歎辭也。」

今按：「某氏《傳》」即「《尚書》偽孔安國傳」。

（3）《廣雅》曰：「由、以，用也。」「由」、「以」、「用」，一聲之轉，而語詞之用亦然（見「用」字下）。字或作「猶」，（莊十四年《左傳》：「猶有妖乎？」《正義》曰：「古者由、猶二字，義得通用。」莊四年《公羊傳》：「紀侯之不誅，至今有紀者，猶無明天子也。」猶，亦與「由」同。）或作

「攸」，其義一也。其作「猷」者，《書‧盤庚》曰：「先王有服，恪謹天命，茲猷不常寧。」「猷」，猶「用」也。言先王敬謹天命，茲用不敢常安也。（若安土重遷，則是不知天命。故下文曰：「今不承於古，罔知天之斷命」也。某氏《傳》訓「猷」為「尚」，失之。此家大人說。詳見《經義述聞》，下同。）

今按：「某氏《傳》」即「《尚書》偽孔安國傳」。

又按：《經義述聞》卷三「茲猷不常寧」條：「《盤庚》：『先王有服，恪謹天命，茲猷不常寧。』傳曰：『先王敬謹天命如此，尚不常安，有可遷輒遷。』家大人曰：『猷與由通（莊十四年《左傳》，猷有妖乎？《正義》曰，古者猷、由二字義得通用。）由，用也。言先王敬謹天命，茲用不敢常安也。若安土重遷，則是不知天命，故下文曰：今不承於古，罔知天之斷命也。』」

（4）攸，猶「所以」也。……《大誥》曰：「予惟小子，若涉淵水，予惟往求朕攸濟。」某氏《傳》曰：「往求我所以濟渡。」是也。

今按：「某氏《傳》」即「《尚書》偽孔安國傳」。

（5）攸，語助也。《書‧盤庚》曰：「女不憂朕心之攸困。」言不憂朕心之困也。（某氏《傳》訓「攸」為「所」，失之。下並同。）《洪範》曰：「予攸好德。」言予好德也。（《史記》作「予所好德」，失之。）

今按：「某氏《傳》」即「《尚書》偽孔安國傳」。

（6）《爾雅》曰：「繇，於也。」「繇」、「由」、「猷」，古字通。（《爾雅‧釋水釋詁》曰：「繇，古『由』字。」莊十四年《左傳正義》曰：「古者『由』、『猷』二字，義得通用。」猷，即「猷」字也。《詩‧巧言》：「秩秩大猷。」《漢書‧敘傳》作「繇」。）《書‧康誥》曰：「往敷求於殷先哲王。」又曰：「別求聞由古先哲王。」「尤」亦「於」也。言遍求聞於古先哲王也。（「別」與「偏」古字通，說見《經義述聞》。）《詩‧抑》曰：「無易由言。」《箋》曰：「由，於也。」《禮記‧雜記》曰：「客使自下由路西。」鄭注曰：「客給使者入設乘黃於大路之西。」（《詩‧君子陽陽篇》：「左執簧，右招我由房」疑亦謂招我於房也。《傳》曰：「由，用也。」《箋》曰：「由，從也。」皆於義未安。）馬融本《大誥》：「王若曰：『大誥繇爾多邦。』」鄭、王本「繇」作「猷」。《漢書‧翟義傳》王莽仿《大誥》曰：「大誥道諸侯王。」蓋用《爾雅》「繇，道也」之訓。馬、鄭、王並同。（以《釋文》《正義》知之）。引之案：「大誥道爾多邦」，文義不順。猷，於也。「大誥猷爾多邦」者，大誥於爾多邦也。經文本自明白，只緣訓「猷」為「道」，於義未安，致令後人妄

改。其始改也,升「猷」字於「誥」字之上,某氏《傳》曰:「順大道以告天下眾國。」是也。其再改也,又升「猷」字於「大」字之上,《正義》曰:「此本『猷』在『大』上。」是也。其他緣例而改者二,改而復脫者一。《多士》曰:「王曰:『猷告爾多士。』」《多方》曰:「王曰:『烏呼,猷告爾有多方士。』」《傳》並曰:「以道告之。」蓋俱是「告猷」,而晚出古文改為「猷告」矣。此緣例而改者也。《多方》曰:「王若曰:『猷告爾四國多方。』」《傳》曰:「順大道告四方。」與《大誥》「猷爾多邦」傳同。則此句經文亦有「大」字,蓋初作「大告猷爾四國多方」,後改為「大猷告爾四國多方」,故解之曰:「順大道告四方。」其後則又脫「大」字矣。此改而復脫者也。《大誥》在《多士》《多方》前,其「誥猷」之文,馬、鄭、王必皆有說,學者雖不悟「誥猷」之誤為「猷誥」,猶不得不載其異同。至《多士》《多方》,「告猷」之義,已詳《大誥》,不復再釋,學者斯忽焉不察矣。然以例推之,可得而知也。後之說《書》者,或以「猷」為發語詞,或以為歎詞,皆不知文由誤倒,故多方推測,而卒無一當也。

今按:「某氏《傳》」即「《尚書》偽孔安國傳」。

(7)家大人曰:允,猶「用」也(用亦語詞,義見「用」字下)。《書‧堯典》曰:「允釐百工。」言用釐百工也。(某氏《傳》曰:「允,信也。」於文義未安。下皆放此。)《皋陶謨》曰:「允迪厥德。」言用迪厥德也。又曰:「庶尹允諧。」言庶尹用諧也。(庶尹用諧,猶言神人以和。《周官‧大司樂》疏引鄭注曰:「允,信也。」文義未安。)《大誥》曰:「允蠢鰥寡。」言用動鰥寡也。《論語‧堯曰篇》引堯曰:「允執其中。」言用執其中也。包咸注曰:「允,信也。」文義未安。)襄二十一年《左傳》引《夏書》曰:「念茲在茲,釋茲在茲,名言茲在茲,允出茲在茲。」言用出茲在茲也。(「名言茲在茲,允出茲在茲」者,謂發一言,出一令,必本之於己而後民從之,故《傳》釋之曰:「將謂由己壹也。」「允出茲在茲」,即出茲在茲。允,語詞耳,非謂信出茲在茲也。杜注訓「允」為「信」,與文義不合。或曰:下文曰「信由己壹而後功可念也」,非釋「允」為「信」乎?曰:非也。上文曰:「在上位者,灑濯其心,壹以待人,軌度其信,可明徵也,而後可以治人。」故此復申之曰:「信由己壹,而後功可念也。」「信」字正承「軌度其信」而言,非釋「允」字也。且「信由己壹」云云,乃通釋《書》詞,非專釋「允出茲在茲」一句也。哀六年《傳》曰:「《夏書》曰:『允出茲在茲。』由己率常可矣。」亦不

以「允」為「信」。)《詩‧鼓鍾》曰：「淑人君子，懷允不忘。」懷，思也。言思之用不忘也。(《箋》曰：「懷，至也。古者善人君子，至信不可忘。」失之。)《公劉》曰：「豳居允荒。」言豳居用荒也。(《箋》曰：「允，信也。」文義未安。)《考工記‧栗氏》量銘曰：「時文思索，允臻其極。」言用臻其極也。(鄭注曰：「允，信也。」文義未安。)《詩‧大明》曰：「聿懷多福。」《春秋繁露‧郊祭篇》引作「允懷多福」。(此蓋出三家《詩》。班固《明堂詩》亦曰：「允懷多福。」)是「允」為語詞也。後人但知「允」之為「信」，而不知其又為語詞，故訓釋多有未安。《史記‧五帝本紀‧夏本紀》於「允釐百工」、「允迪厥德」、「庶尹允諧」，亦皆以「信」字代之，蓋古義之失，其傳久矣。

今按：「某氏《傳》」即「《尚書》偽孔安國傳」。

（8）於，猶「越」也，「與」也，連及之詞。《夏小正》傳曰：「越，於也。」《廣雅》曰：「越，與也。」《書‧大誥》曰：「大誥猷爾多邦，越爾御事。」王莽仿《大誥》，作「大告道諸侯王三公列侯，於女卿大夫元士御事」。是連及之詞曰「越」，亦曰「於」也。《康誥》曰：「子弗祗服厥父事，大傷厥考心。於父不能字厥子，乃疾厥子。於弟弗念天顯，乃弗克恭厥兄。兄亦不念鞠子哀，大不友於弟。」言子之不孝，與父之不慈，與弟之不恭，兄之不友也。(某氏《傳》曰：「於為人父」、「於為人弟」，失之。)又曰：「告女德之說，於罰之行。」行，道也。言告汝德之說，與罰之道也。(《傳》曰：「告汝施德之說，於罰之所行。」失之。)《洛誥》曰：「四方迪亂，未定於宗禮，亦未克敉公功，迪將其後」為句，「於宗禮亦未克敉」為句，「公功迪將其後」為句。《爾雅》曰：「亂，治也。」《方言》曰：「迪，正也。」「四方迪亂」，猶言「亂正四方」(見《微子篇》)。於，越也。言四方正治未定，越宗禮亦未克安也。「公功迪將其後」者，上文曰「公功棐迪篤」，下文曰「公功肅將祗歡」，與此並以「公功」發句，此文之相符者也。上文「公功」言「棐迪」，下文「公功」言「肅將」，此「公功」言「迪將」，此義之相合者也。舊讀失之矣。《多方》曰：「時惟爾初，不克敬於和，則無我怨。」於，與也。言不能敬與和也。(上文曰：「爾惟和哉。」又曰：「亦則以穆穆在乃位。」穆穆，敬也。故此言爾不能敬與和，則無我怨。《傳》曰：「不能敬於和道。」亦失之。)

今按：「某氏《傳》」即「《尚書》偽孔安國傳」。

（9）爰，猶「與」也。家大人曰：《書‧顧命》曰：「大保命仲桓、南宮

毛，俾愛齊侯呂伋，以二干戈，虎賁百人，逆子釗於南門之外。」爰，與也。言使仲桓、南宮毛與呂伋共迎康王也。（某氏《傳》曰：「使桓、毛二臣各執干戈，於齊侯呂假索虎賁百人。」又曰：「伋為天子虎賁氏。」皆未解「爰」字之義，而曲為之說。）「爰」、「於」、「粤」，一聲之轉，故三字皆可訓為「於」，亦皆可訓為「與」。互見「於」、「粤」二字下。

今按：「某氏《傳》」即「《尚書》偽孔安國傳」。

（10）越若，亦「及」也。《召誥》曰：「越若來三月。」來，至也。（見《爾雅》）。言及至三月也。（「越若來三月」為句，「惟丙午䀇」為句，某氏讀「越若來」為句，《傳》曰：「於順來。」失之。說見《經義述聞》。）下文曰：「若翼日乙卯。」又曰：「越翼日戊午。」是「越」與「若」皆及也。（「若」與「及」本同義，說見「若」字下。）連言之，則曰「越若」矣。《漢書·律曆志》引《武成篇》曰：「粤若來二月」（《逸周書·世俘篇》同），義與此同。亦越者，承上起下之詞。《書·立政》曰：「亦越成湯」、「亦越文王、武王」，是也。

今按：「某氏《傳》」即「《尚書》偽孔安國傳」。

（11）《玉篇》曰：「惟，為也。」《書·皋陶謨》曰：「萬邦黎獻，共惟帝臣。」某氏《傳》曰：「萬國眾賢，共為帝臣。」《酒誥》曰：「我民用大亂喪德，亦罔非酒惟行。越小大邦用喪，亦罔非酒惟辜。」《傳》曰：「亦無非以酒為行」，「亦無不以酒為罪』」

今按：「某氏《傳》」即「《尚書》偽孔安國傳」。

（12）家大人曰：雲，猶「有」也。或通作「員」。（《詩·玄鳥》箋曰：「員，古文云。」）《廣雅》曰：「員、云，有也。」《文選·陸機〈答賈長淵詩〉》注引應劭《漢書注》曰：「云，有也。」《書·秦誓》曰：「雖則員然。」（今本「員」作「云」，乃衛包所改。茲據山井鼎《七經孟子考文》所引古本及《漢書》韋賢、李尋二傳注所引更正。）言雖則有然也。（某氏《傳》曰：「前雖有云然之過。」加「有」字於「云然」之上以釋之，不知「云」即「有」也。）文二年《公羊傳》曰：「大旱之日短而云災，故以災書。此不雨之日長而無災，故以異書也。」「云災」與「無災」對文，是「云」為「有」也。（何注：「云，言也。言有災。」亦不知「云」即「有」也。）楊倞注《荀子·非十二子篇》引《慎子》曰：「云能而害無能，則亂也」。言有能而害無能之人，則必亂也。又《荀子·儒效篇》曰：「故人無師無法而知則必為盜，

勇則必為賊，云能則必為亂。人有師有法而知則速通，勇則速威，云能則速成。」言無師無法而有能，則必為亂。有師有法而有能，則其成必速也。（楊注曰：「云能，自言其能也。」失之。）《法行篇》曰：「曾子曰：『詩曰：轂已破碎，乃大其輻。事已敗矣，乃重大息。其云益乎？』」云益，有益也。

今按：「某氏《傳》」即「《尚書》偽孔安國傳」。

（13）有，猶「或」也。故莊二十九年《穀梁傳》曰：「一有一亡曰有。」《易‧姤》九五曰：「有隕自天。」言或隕自天也。《書‧盤庚》曰：「乃有不吉不迪，顛越不恭，暫遇奸宄。」「乃有」，乃或也。《多士》曰：「朕不敢有後。」《孟子‧梁惠王篇》引《書》曰：「天下曷敢有越厥志。」「敢有」，敢或也。（「朕不敢有後」，言我奉天之命，遷爾於雒邑，不敢或後也。某氏《傳》曰：「不敢有後誅。」失之。）《詩‧載馳》曰：「大夫君子，無我有尤。」言無我或尤也。又《春秋》凡言「日有食之」者，皆謂日或食之也。「有」與「或」古同聲而義亦相通，詳見「或」字下。

今按：「某氏《傳》」即「《尚書》偽孔安國傳」。

（14）抑，詞之轉也。……「意」並與「抑」同。字又作「噫」，又作「億」，又作「懿」，聲義並同也。《書‧金縢》曰：「二公及王，乃問諸史與百執事。對曰：『信，噫公命我勿敢言。』」《釋文》曰：「噫，馬本作『懿』，猶『億』也。」家大人曰「噫」、「懿」、「億」，並與「抑」同。「信」為一句，「噫公命我勿敢言」為一句。言信有此事，抑公命我勿敢言之也。《易‧震》六二曰：「億喪貝。」王弼注曰：「億，辭也。」《釋文》曰：「億，本又作噫。」《禮記‧文王世子》注曰：「億可以為之也。」《釋文》曰：「億，本又作噫。」《莊子‧在宥篇》曰：「意治人之過也。」《釋文》曰：「意，本又作噫。」《外物篇》曰：「夫流遁之志，決絕之行，噫其非至知厚德之任與？」《新序‧雜事篇》曰：「噫將使我追車而赴馬乎？投石而超距乎？逐麋鹿而搏豹虎乎？噫將使我出正辭而當諸侯乎？決嫌疑而定猶豫乎？」《韓詩外傳》「噫」作「意」。《楚語》曰：「作《懿》戒以自儆。」韋注曰：「懿，《詩‧大雅‧抑》之篇也。懿，讀之曰抑。」是「抑」、「意」、「噫」、「億」、「懿」，五字並同也。故馬注曰：「懿，猶億也。」某氏不知「噫」為「抑」之借字，而以為恨辭，失之矣。

今按：「某氏」即「偽孔安國」。

（15）臺，猶「何」也。如臺，猶「奈何」也。《書‧湯誓》「夏罪其如

台」，《史記・殷本紀》作「有罪其奈何」。《高宗肜日》「乃曰其如台」，《殷本紀》作「乃曰其奈何」。《西伯戡黎》「今王其如台」，《殷本紀》作「今王其奈何」。是古謂「奈何」為「如臺」也。《盤庚》：「卜稽曰其如台？」亦謂卜問曰其奈何也。《法言・問道篇》：「莊周、申、韓，不乖寡聖人而漸諸篇，則顏氏之子、閔氏之孫其如台？」言三子若不詆訾聖人，則顏、閔之徒其奈之何也。（宋咸注：「臺，我也。」失之。）《漢書・敘傳》：「矧乃齊民，作威作惠。如臺不匡禮法是謂？」言遊俠之徒，以齊民而作威作惠如此，奈何不匡之以禮法也。（如淳注：「臺，我也，我國家也。」失之。）《文選・典引》：「伊考自遂古，乃降戾爰茲。作者七十有四人」，「今其如台而獨闕也？」言今其奈何而獨闕也。（蔡邕《郭有道碑文》「今其如何而闕斯禮」，句法本此。李善注及李賢《後漢書・班固傳》注並曰：「臺，我也。」失之。）蓋漢時說《尚書》者，皆以「如臺」為「奈何」，故馬、班、子雲並師其訓。自某氏《傳》訓「臺」為「我」，而其義遂不可通，段氏若膺《尚書撰異》辨之詳矣。（《爾雅》：「臺，我也。」此「非臺小子」之「臺」，非「如臺」之「臺」。）

今按：「某氏《傳》」即「《尚書》偽孔安國傳」。

（16）況，滋也，益也。……《書・無逸》曰：「厥或告之曰：小人怨女詈女，則皇自敬德。」《漢石經》「皇」作「兄」，王肅本作「況」，注曰：「況，滋。益用敬德也。」（案，王說是也。古文作「皇」者，借字耳。鄭注訓「皇」為「暇」，某氏《傳》訓「皇」為「大」，皆於義未安。上文「無皇曰」，石經亦作「兄」。《秦誓》「我皇多有之」，文十二年《公羊傳》作「而況乎我多有之」。《尚書大傳》曰：「君子之於人也，有其語也，無不聽者，皇於聽獄乎？」鄭彼注曰：「皇，猶況也。」是「況」、「皇」古多通用。）

今按：「某氏《傳》」即「《尚書》偽孔安國傳」。

（17）孫炎注《爾雅・釋詁》曰：「即，猶今也。」故「今」亦可訓為「即」。《書・召誥》曰：「其丕能諴於小民，今休。」又曰：「王厥有成命，治民今休。」皆謂即致太平之美也。（某氏《傳》釋上「今休」為「成今之美」，下「今休」為「治民今獲太平之美」，皆失之。）

今按：「某氏《傳》」即「《尚書》偽孔安國傳」。

（18）宜，助語詞也。……又通作「義」。《書・大誥》曰：「義爾邦君，越爾多士、尹氏、御事，綏予曰：無毖於恤，不可不成乃寧考圖功。」義，助語詞。言爾邦君，及爾多士、尹氏、御事，當安勉我也。猶上文言「爾庶

邦君越庶士御事」矣。《漢書・翟方進傳》作「予義彼國君」，「義」上加「予」字，則已不知其為語助。某氏《傳》解為「施義於汝眾國君臣上下至御治事」者，而文益贅設。經言「義」，不言「施義」也。

今按：「某氏《傳》」即「《尚書》偽孔安國傳」。

（19）都，歎詞也。《書・堯典》：「驩兜曰：都。」某氏《傳》曰：「都，於（音烏）。歎美之辭。」故《皋陶謨》「皋陶曰：都」，《史記・夏本紀》「都」作「於」。

今按：「某氏《傳》」即「《尚書》偽孔安國傳」。

（20）迪，詞之「用」也。（《書・牧誓》：「昏棄厥遺王父母弟不迪。」《史記・周本紀》「不迪」作「不用」。迪，為「不用」之「用」，又為語詞之「用」，義相因也。）《書・皋陶謨》曰：「咸建五長，各迪有功。」言各用有功也。《大誥》曰：「亦惟十人，迪知上帝命。」言惟此十人用知上帝命也。（王肅曰：「民十夫用知天命。」）《康誥》曰：「今惟民不靜，未戾厥心，迪屢未同。」《多方》曰：「爾乃迪屢不靜。」亦謂用屢未同、用屢不靜也。《酒誥》曰：「在昔殷先哲王，迪畏天顯小民。」言用畏天顯小民也。《無逸》曰：「自殷王中宗，及高宗，及祖甲，及我周文王，茲四人迪哲。」言惟茲四人用哲也。《君奭》曰：「茲迪彝教文王蔑德。」言惟此五人用常教文王以精微之德也。又曰：「亦惟純右秉德，迪知天威，乃惟時昭文王迪見冒。」亦謂用知天威、用見勉也。（「冒」，馬本作「勖」，云：「勉也。」說見《經義述聞・康誥》。）又曰：「武王惟茲四人，尚迪有祿。」言惟茲四人，尚用有祿也。《立政》曰：「迪知忱恂於九德之行。」亦謂用知誠信於九德之行也。「迪知上帝命」、「迪知天威」、「迪知忱恂於九德之行」，文義正相近也。《史記・夏本紀》「各迪有功」作「各道有功」。某氏《傳》於諸「迪」字，或訓為「道」，或訓為「蹈」，皆於文義未協。

今按：「某氏《傳》」即「《尚書》偽孔安國傳」。

又按：《經義述聞》卷三十二「語詞誤解以實義」條曰：「引之謹案：經典之文字各有義，而字之為語詞者則無義之可言，但以足句耳。語詞而以實義解之，則扞格難通。余曩作《經傳釋詞》十卷，已詳箸之矣，茲復約略言之，其有前此編次所未及者，亦補載焉。……迪，詞之用也。《皋陶謨》曰，咸建五長，各迪有功。言各用有功也。《大誥》曰，亦惟十人，迪知上帝命。言惟此十人用知上帝命也。《康誥》曰，今惟民不靜，未戾厥心，迪屢未同。

《多方》曰，爾乃迪屢不靜。亦謂用屢未同，用屢不靜也。《酒誥》曰，在昔殷先哲王，迪畏天顯小民，言用畏天顯小民也。《無逸》曰，自殷王中宗及高宗及祖甲及我周文王，茲四人迪哲。言惟茲四人用哲也。」

（21）迪，發語詞也。《書・盤庚》曰：「迪高后丕乃崇降弗祥。」言高后丕乃崇降不祥也。（上文曰：「高后丕乃崇降罪疾。」）迪，語詞耳。《君奭》曰：「迪惟前人光施於我衝子。」《立政》曰：「古之人迪惟有夏。」兩「迪」字亦是語詞。王肅注及某氏《傳》，或訓為「道」，或訓為「蹈」，亦於文義未協。

今按：「某氏《傳》」即「《尚書》偽孔安國傳」。

（22）迪，句中語助也。《酒誥》曰：「又惟殷之迪諸臣惟工。」是也。某氏訓為「蹈」，亦失之。

今按：「某氏《傳》」即「《尚書》偽孔安國傳」。

（23）家大人曰：「而，猶『以』也。」楊倞注《荀子・強國篇》曰：「而往，猶已上也。」（已，與「以」同。凡書、傳中言「而上」、「而下」、「而前」、「而後」者，皆放此。）《書・顧命》曰：「眇眇予末小子，其能而亂四方。」言其能以治四方也。（某氏《傳》：「能如父祖治四方。」失之。）

今按：「某氏《傳》」即「《尚書》偽孔安國傳」。

又按：明胡廣等《書經大全》卷九：「眇小而如亂治也王拜受顧命起答太史曰眇眇然予微末小子其能如父祖治四方以敬忌天威乎謙辭退託於不能也。顧命有敬迓天威嗣守文武大訓之語故太史所告康王所答皆於是致意焉。」

（24）家大人曰：若，猶「其」也。《書・召誥》曰：「我亦惟茲二國命，嗣若功。」若，其也。「嗣其功」者，嗣二國之功也。（某氏《傳》曰：「繼順其功德者而法則之。」訓「若」為「順」，非是。）

今按：「某氏《傳》」即「《尚書》偽孔安國傳」。

（25）顧歡注《老子》曰：「若，而也。」家大人曰：《書・金縢篇》「予仁若考」，《史記・魯世家》作「旦巧」。「巧」、「考」古字通，「若」、「而」語之轉。「予仁若考」者，予仁而巧也。唯巧，故能多材多藝，能事鬼神也。某氏《傳》訓「若」為「順」，「考」為「父」，皆失之（詳見《經義述聞》）。

今按：「某氏《傳》」即「《尚書》偽孔安國傳」。

（26）《小爾雅》曰：「若，乃也。」《書・秦誓》曰：「日月逾邁，若弗員來。」言乃弗雲來也。（某氏《傳》訓「若」為「如」，失之。）《周語》引《書》曰：「必有忍也，若能有濟也。」韋注曰：「若，猶乃也。」《管子・海王篇》

曰：「一女必有一針一刀，若其事立。耕者必有一耒一耜一銚，若其事立。行服連軺輂者，必有一斤一鋸一椎一鑿，若其事立。」《孟子‧公孫丑篇》曰：「今言王若易然，則文王不足法與？」「若」字並與「乃」同義。又《書》稱「王若曰」、「微子若曰」、「父師若曰」、「周公若曰」者，並與「乃曰」同義。

今按：「某氏《傳》」即「《尚書》偽孔安國傳」。

（27）家大人曰：若，詞之「惟」也。《盤庚》曰：「予若籲懷茲新邑。」《大誥》曰：「若昔朕其逝。」《君奭》曰：「若天棐忱。」（《大誥》曰：「越天棐忱。」「越」字亦語助。）《呂刑》曰：「若古有訓。」「若」字皆是語詞之「惟」。又《文侯之命》曰：「女多修扞我於艱，若女予嘉。」《吳語》曰：「伯父令女來，明紹享余一人，若余嘉之。」《禮記‧祭統》曰：「叔舅，予女銘，若纂乃考服。」「若」字亦是語詞之「惟」。《金縢》曰：「惟爾元孫某，遘厲虐疾，若爾三王。」若，亦「惟」也，互文耳。說或訓為「順」（某氏《尚書傳》），或訓為「汝」（鄭氏《祭統》注），或訓為「如」（王肅《文侯之命》注），皆於文義未協。

今按：「某氏《傳》」即「《尚書》偽孔安國傳」。

（28）自，詞之「用」也。《書‧康誥》曰：「凡民自得罪。」某氏《傳》訓「自」為「用」。《召誥》曰：「自服於土中。」鄭注亦曰：「自，用也。」

今按：「某氏《傳》」即「《尚書》偽孔安國傳」。

（29）且，猶「此」也，「今」也。……《書‧粊誓》曰：「徂茲淮夷、徐戎並興。」「徂」讀為「且」。且，今也。言今茲淮夷、徐戎並興也。某氏《傳》以「徂」為「往征」。往征茲淮夷、徐戎並興，斯為不詞矣。且經言「徂」，不言「徂征」也。

今按：「某氏《傳》」即「《尚書》偽孔安國傳」。

（30）作，猶「及」也。《書‧無逸》曰：「其在高宗時，舊勞於外，爰暨小人。作其即位，乃或亮陰，三年不言。」又曰：「其在祖甲，不義惟王，舊為小人。作其即位，爰知小人之依。」皆謂及其即位也。某氏《傳》訓「作」為「起」，失之。「作」與「徂」聲相近（《廣韻》「作」字又「臧祚切」，聲近『徂』），故二者皆可訓為「及」。

今按：「某氏《傳》」即「《尚書》偽孔安國傳」。

（31）則者，承上起下之詞。《廣雅》曰：「則，即也。」字或通作「即」。《書‧禹貢》曰：「西戎即敘。」即，與「則」同。敘，順也。（「敘」與「順」

同義，說見《經義述聞》「百揆時敘」下）。言西戎則皆順從也。上言「三苗丕敘」，此言「西戎即敘」，「即」與「丕」，皆詞耳。（「丕」為語詞，說見「不」字下。）某氏《傳》曰：「羌、髳之屬，皆就次敘。」《漢書・西域傳贊》曰：「《書》曰：西戎即序。禹既就而序之，非上威服致其貢物也。」皆訓「即」為「就」，「敘」為「次敘」，失其旨矣。

今按：「某氏《傳》」即「《尚書》偽孔安國傳」。

（32）之，猶「與」也。《書・立政》曰：「文王罔攸兼於庶言庶獄庶慎，惟有司之牧夫。」又曰：「其勿誤於庶獄，惟有司之牧夫。」皆謂有司與牧夫也。（某氏《傳》曰：「惟慎擇有司牧夫而已。」）《考工記・梓人》曰：「必深其爪，出其目，作其鱗之而。」謂作其鱗與而也。而，頰毛也。（鄭注：「之而，頰𦬊頁也。」以「之而」二字連讀，失之。辯見《經義述聞》。）

今按：「某氏《傳》」即「《尚書》偽孔安國傳」。

（33）爽，發聲也。《書・康誥》曰：「爽惟民，迪吉康。」又曰：「爽惟天其罰殛我。」皆是也。某氏《傳》訓「爽」為「明」，則義不可通。凡書言「洪惟」、「爽惟」、「丕惟」、「誕惟」、「迪惟」、「率惟」，皆詞也。解者皆失之。

今按：「某氏《傳》」即「《尚書》偽孔安國傳」。

（34）率，用也。……家大人曰：《書・堯典》曰：「蠻夷率服。」率，用也。言為政如此，則蠻夷用服也。（某氏《傳》曰：「相率而來服。」失之。）又曰：「於予擊石拊石，百獸率舞。」率，用也。百獸用舞，猶上文言神人以和耳。又《皋陶謨》曰：「於予擊石拊石，百獸率舞，庶尹允諧。」下二句相對為文。「率」與「允」，皆用也。（說見「允」字下。鄭《注》曰：「百獸相率而舞，眾正之官信得其諧和。」皆失之。鄭注見《周官・大司樂》疏。）《盤庚》曰：「率籲眾戚，出矢言。」率，用也。吁，呼也。戚，貴戚也，矢，誓也。言民不肯遷，盤庚用呼眾貴戚之臣，出誓言以曉喻之也。（誓言，猶誥言也。《爾雅》：「誥，誓，謹也。」郭注曰：「皆所以約牧謹戒眾。」是也。某氏《傳》曰：「吁，和也。率和眾憂之人，出正直之言。」皆非是。《尚書後案》已辯之。）

今按：「某氏《傳》」即「《尚書》偽孔安國傳」。

（35）家大人曰：率，語助也。……《君奭》曰：「率惟茲有陳，保乂有殷。」（陳，道也。言惟茲有道諸臣，能保乂有殷也。率，語助耳。王肅注曰：

「循此數臣有陳列之功。」失之。辯見《經義述聞》「我祖底遂陳於上下」。）
《立政》曰：「亦越武王，率惟敉功，不敢替厥義德，率惟謀從容德。」（案，
敉，安也。功，事也。言武王惟安其故事，不敢廢文王之義德。又惟謀從寬
容之德也。兩「率」字皆語助。某氏《傳》曰：「武王循惟文王撫安天下之功。」
「循惟謀從文王寬容之德。」皆失之。）《逸周書·祭公篇》曰：「俾百僚乃
心率輔弼予一人。」（孔晁注：「使百官相率輔弼我。」失之。）以上諸「率」
字，皆語助耳。解者皆失之。

今按：「某氏《傳》」即「《尚書》偽孔安國傳」。

（36）不，弗也。常語。《玉篇》曰：「不，詞也。」經傳所用，或作「丕」，
或作「否」，其實一也。有發聲者，有承上文者。其發聲者，《書·西伯戡黎》
曰：「我生不有命在天！」（某氏《傳》曰：「我生有壽命在天。」蓋「不」為
發聲，「不有」，有也。與他處「不」訓為「弗」者不同。「不有命在天」下，
不須加乎。字以足之。《史記·殷本紀》云：「我生不有命在天乎？」失之矣。）

今按：「某氏《傳》」即「《尚書》偽孔安國傳」。

（37）《玉篇》曰：「非，不是也。」常語。服虔《漢書·蕭望之傳》注曰：
「非，不也。」《書·盤庚》曰：「肆予沖人，非廢厥謀。」言不廢厥謀也。又
曰：「各非敢違卜。」某氏《傳》曰：「君臣用謀，不敢違卜也。」《大戴禮記·
保傅篇》：「人性非甚相遠也。」《漢書·賈誼傳》「非」作「不」。

今按：「某氏《傳》」即「《尚書》偽孔安國傳」。

（38）無，毋，勿也。常語。……成二年《左傳》曰：「無亦唯是一矢
以相加遺。」襄二十四年曰：「無亦是務乎？」昭二十三年曰：「無亦鑒乎若
敖、蚡冒至於武文。」並同。是「無」為發聲也。又《書·微子》曰：「今爾
無指告，予顛隮，若之何其？」（某氏《傳》曰：「汝無指意，告我殷邦顛隕
隮墜，若之何其救之？」案，「今爾無指告」，當為一句。無，發聲。無指告，
指告也。「指」，讀曰「底」。底，致也。襄九年《左傳》曰：「無所底告。」
《盤庚》曰：「其惟致告。」是也。言我殷將顛墜，若何而可？今爾其致告
我以救之之道乎？倒文則曰「今爾無指告，予顛隮，若之何其」耳。作《傳》
者不知「無」為發聲，「指告」為「底告」，故文義乖而句讀亦舛也。說詳《經
義述聞》。）

今按：「某氏《傳》」即「《尚書》偽孔安國傳」。

（39）罔，無也。常語。罔，猶「不」也。《書·盤庚》曰：「罔罪爾眾。」

某氏《傳》曰：「今我不罪女。」《微子》曰：「乃罔畏畏。」《傳》曰：「上不畏天災，下不畏賢人。」是也。

今按：「某氏《傳》」即「《尚書》偽孔安國傳」。

三、結　論

我們對上述每條材料經過「小心求證」後，發現一個驚人的秘密——所謂「某氏《傳》」，其實就是「《尚書》偽孔安國傳」（即通常簡稱的「偽《孔傳》」）。王引之之所以不明言「偽《孔傳》」而替之以「某氏《傳》」，是因為乾嘉考據學有一條法則——偽書之言不足為據。在王引之編撰《經傳釋詞》時，「偽《孔傳》」已經被學界確認為偽書。王引之如果公開大量徵引「偽《孔傳》」，這在當時可謂冒天下之大不韙，他只好採用障眼法，讓人產生錯覺，以為「某氏《傳》」不過是當時無名氏或者某位論敵所作的《傳》而已，這在我們撰寫此文之初還有如此「大膽假設」。「偽《孔傳》」是《尚書》研究史上的一部經典之作，其價值早已得到現代學者的公認，現在已經不必像王引之那樣偷偷引用了。「高郵王氏四種」皆為不刊之作，王引之當時謹慎從事，實乃迫不得已。可惜的是，二百年來竟然無人道破此重秘密。今不憚煩瑣，為之發覆，以備學界採擇焉。

南京圖書館藏
黃易佚著《武林訪碑錄》研究

朱琪、吳睿

一、南圖暨上圖藏《武林訪碑錄》抄本特徵與源流

黃易（1744～1802），字大易，號小松、秋盦等，錢塘人。詩、古文、詞皆精通，長於金石之學，與錢大昕、翁方綱、孫星衍、王昶並稱「金石五家」。又工書，善繪事，尤精於篆刻，後人將之與丁敬、蔣仁、奚岡、陳豫鍾、陳鴻壽、趙之琛、錢松並稱為「西泠八家」。其著作有《小蓬萊閣金石文字》《小蓬萊閣金石目》《秋盦遺稿》等，另輯有《黃氏秦漢印譜》《種德堂集印》等印譜傳世。

黃易一生匯輯金石資料甚多，生前刊有《小蓬萊閣金石文字》等書，後人搜集其詩文，輯為《秋盦遺稿》，其他著作多為未刊稿本，且散佚甚多，筆者曾撰文略作概述〔註1〕。遺稿之中素知有《武林訪碑錄》一種，筆者十年前訪得抄本藏於南京圖書館，但因原件殘損一直未能目驗。經筆者申請以及多方努力，南京圖書館歷史文獻部對原書進行全面修繕，使這本重要金石學著作以全新的面貌呈現於世人面前，亦使筆者全面整理研究黃易相關文獻的工作得以推進。

南京圖書館藏《武林訪碑錄》不分卷，黃易錄，為瓶花齋舊抄殘本，經丁丙八千卷樓抄配。原件四眼線裝，開本高 26.8 釐米，寬 18 釐米。封面紙張脆化，題簽無存，內頁紙張為竹紙類，共 116 葉。正文前 91 葉用瓶花齋箋紙抄

〔註1〕 朱琪《略論黃易的金石學貢獻》，《中國書法》2016 年第 11 期，頁 129。

錄，半框高 16.7 釐米，寬 11.4 釐米，烏絲欄，黑口，雙對魚尾，版框左欄外下角印「瓶花齋寫本」。卷首題名「武林金石錄」，下署：「錢唐黃易小松錄」（圖 1、2）。前 91 葉正文半葉八行，每行一至十四字不等；小字雙行字數一至二十一字不等，以楷書抄錄，偶雜行草書。92 至 116 頁無版框，半葉八行，每行一至十四字不等，楷書抄錄，筆跡與抄寫格式與瓶花齋抄本有別，為八千卷樓抄配。全稿偶有眉批、夾註、涂乙，批註筆跡與抄手有異。

此本文字避諱之處甚多，例如「左佩玹等謁岳墓記」中「玹」缺末筆，「鄭燁落星岩詩」中「燁」、「曄」二字「華」皆缺筆未寫盡，為避康熙名諱；「胤」缺末筆避雍正名諱，「丘」也寫作「邱」；「歷」作「歴」、「厤」；「寧」避作「寗」。「弘」字避諱情況較複雜，前面多改「弘」為「宏」，後以缺末筆避諱，到後面則完全不再避諱。「顒」字則未避諱。抄本卷前有丁丙跋文半葉十行（圖 3）：

> 小松司馬為吾杭金石家，職志著錄武林，宜更加詳。是錄草率疏漏，當屬未成之書，曩從亂籍中得殘本。越數載，偶於邱春生處見一精抄本，上鈐毛汲古收藏印，大可噴飯，然書則全也，遂錄補之。同治癸酉重九八千卷樓記。

> 李敏達《西湖志》「金石門」即據丁敬身《武林金石錄》而成，余藏有丁稿本，又有倪氏《武林石刻記》較此為詳。後阮文達刊《兩浙金石志》，考證尤精，然僧六舟輯《靈隱寺志》，蒐出石刻多前人未著錄者，安得暇時彙而排比，重編一錄，導披蓁捫苔之一助乎。

> （下鈐「丁居士」白文印）

丁丙跋文寫於同治十二年癸酉（1873）九月九日，據跋可知他初得《武林訪碑錄》為殘本，數年後於書估邱春生處見精抄本，遂據之補錄。邱春生為杭州書販，其書攤在和合橋（原址在延定巷與楚妃巷交接處，慶春路西北），同治年間丁丙常在彼處搜購書籍〔註 2〕。此抄本前後紙張與字跡不一致，說明是由丁丙所藏殘本與補抄本合訂而成的抄配本。因此《武林金石錄》在同治年間至少保存了兩個版本，即瓶花齋抄本（丁丙藏）、邱春生處精抄本。後丁丙在瓶花齋殘本的基礎上據邱春生精抄本抄補，形成了今藏南圖的這個抄

〔註 2〕丁氏在邱春生書攤購得的書籍如同治三年所得《厲先生文錄》殘卷、明刊《研北雜志》，同治四年購得宋刻抄配本《咸淳臨安志》等。可參閱石祥《同光間八千卷樓丁氏訪書事蹟考》，載《圖書館雜誌》2011 年第 11 期，頁 88。

配本，而邱春生處精抄本則不知尚存天壤間否。

有關《武林訪碑錄》較早的記載可見《兩浙輶軒續錄》卷十三「黃易」小傳：「述庵司寇雲君所著尚有《武林訪碑錄》，惜無刊本。」〔註3〕述庵為清代學者王昶（1725～1806），與黃易同時且多有交流，編纂有大型金石學書籍《金石萃編》。《金石萃編》編輯過程中參考了黃易著作與藏品多種，王昶云「無刊本」，可知此書在黃易生前未付刻。

《武林訪碑錄》流傳未廣，著錄亦少。檢《八千卷樓書目》卷九史部，此書存焉：「《武林訪碑錄》一卷，國朝黃易撰，抄本。」〔註4〕但龔嘉儁修、李榕纂《（民國）杭州府志》卷八七「藝文二」著錄時稱「《武林訪碑錄》二卷，錢唐黃易小松撰」〔註5〕，卷數有異。如果說此書在南圖編目為「不分卷」，與《八千卷樓書目》著錄「一卷」差別尚不大，那麼《（民國）杭州府志》著錄的「二卷本」，顯然又是另一個版本，這個版本是否即「邱春生處精抄本」為未可知，因此也就不排除《武林訪碑錄》還有其他抄本的存在。

但就南圖藏抄配本來看，丁丙補錄的部分抄寫格式與之前的「瓶花齋寫本」有較大區別，最顯著之處在於同葉中常常出現分塊抄錄的現象，有時分上下兩塊或上中下三塊，有時則多達五六塊，石刻內容多在小塊中縱行書寫，但對石刻所在位置以及字體、尺寸的記錄又時常用自右向左的橫行標注，這與瓶花齋抄本行格整齊的抄寫方式區別極大（圖 4）。從全稿來看，呈現出前略後詳的特點，即「瓶花齋」抄本較簡練，丁丙抄補部分則詳細，這也說明瓶花齋抄本與邱春生處精抄本分屬兩個不同底本。相較而言，邱春生處精抄本可能更接近原稿的著錄格式，而瓶花齋抄本更接近於整理後的謄清本。

「瓶花齋」是江南著名藏書樓之一，為康乾時期杭州藏書家吳焯始建。吳焯（1676～1733），字尺鳧，號繡谷，錢塘人。他藏書宏富，酷嗜金石，與厲鶚、丁敬、倪濤等為好友，也是清代前中期參與搜訪杭州金石遺跡的一位重要人物，並撰有《武林金石考》。張熷《吳繡谷先生行狀》稱：「又以吾杭為吳越建國、南宋行都，前人摩崖刻石多在湖山，而歲久文字皴剝，遂以蕪沒。往往乘暇攜搨工，遍歷幽阻，見輒摩抄剔蘚，拓其文以歸。」〔註6〕其長子吳城（1701～1772）繼父輩之業，繼續搜求、校勘古籍，數十年丹黃不去手。此本雖用「瓶

〔註3〕〔清〕潘衍桐《兩浙輶軒續錄》卷十三，光緒年間刊本。
〔註4〕〔清〕丁仁《八千卷樓書目》卷九，民國印本。
〔註5〕龔嘉儁修、李榕纂《（民國）杭州府志》卷八七，民國十一年鉛印本。
〔註6〕閔爾昌《碑傳補集》卷四五，民國十二年刊本。

花齋寫本」箋紙抄錄，但吳城活動時間早於黃易，綜合避諱文字來看，應係吳城後人或他人沿用瓶花齋箋紙所錄。

除南圖藏本外，筆者訪得上海圖書館藏《武林訪碑錄》抄本。此書開本縱26.8 釐米，橫 17.3 釐米。扉頁楷書牌記「丁氏八千卷樓本」「武林訪碑錄」（圖5）。版心縱 18.5 釐米，橫 12.3 釐米，四周烏絲雙欄，大黑口，單魚尾，書口下端印「郜公鍾室抄本」。首頁抄錄丁丙原跋，半葉 9 行，行 20 至 21 字不等，並鈐「上海圖書館退還圖書章」「廣道意齋收藏圖籍印」「上海圖書館藏」「黃裳鑒藏」四方朱文印。正文半葉 9 行，每行 15 字，恭楷抄錄。卷首鈐「上海圖書館印」「梅花草堂秘笈」「黃裳珍藏善本」朱文印三方，「靜諑」「海日樓」「姚埭老民」「常熟周左季家抄本書」白文印四方（圖6）。書末有黃裳行書題記：「民國三十八年二月八日收得，黃裳藏書。」下鈐「黃裳珍藏圖書印記」朱文印。又有己未（1979 年）閏月初二題跋一篇，記得書與為人掠去又索還經過。可知此本為常熟周左季家據丁丙八千卷樓抄本所錄，又先後經沈曾植、黃裳遞藏，今歸上海圖書館。經筆者與南京圖書館所藏丁丙八千卷樓原抄本細加比較，確定此本內容確係錄自八千卷樓本，但在傳抄過程中，又增加了不少謬誤，故南圖所藏《武林訪碑錄》抄本，仍係目前所見最接近黃易稿本原貌的本子。

二、抄本內容與纂輯思想

《武林訪碑錄》書名中「武林」為杭州舊稱，出《漢書·地理志》所載「武林山」，約今杭州靈隱、天竺一帶群山之總稱。名為「訪碑」，「碑」主要指各類石刻，由於石刻類文物往往堅固而不易移動，因此查訪更加便利。「訪」本身帶有調查的含義，因此訪碑的基礎往往是先查找相關史志文獻，再作親身調查、記錄與椎拓。

杭州在北宋時成為江南人口最多的城市，被稱為「東南第一州」，南宋時則為國都，因此杭州的繁華是在兩宋時期逐漸達到頂峰的。杭州境內遺存的石刻，也以兩宋後為主。康乾時期杭州學者多有尋訪輯拓金石遺跡的風氣，黃易父親黃樹穀撰有《扶風縣金石志》、老師丁敬則有《武林金石錄》。受親人、師長影響，黃易向來重視親身訪碑的金石學實踐。乾隆五十一年（1786）年，黃易訪得嘉祥紫雲山東漢武氏祠遺址，是其一生中訪碑的最大成就。此外，嘉慶元年（1796）的嵩洛訪碑，以及嘉慶二年（1797）的岱麓訪碑，不僅留下《嵩洛訪碑圖》《岱麓訪碑圖》兩件清代畫史傑構，還留下了詳細的訪

碑日記，在清代後期掀起了訪碑熱潮。相較之前的訪碑成就，黃易在家鄉杭州的訪碑活動規模與影響皆不大，這一點也許與河洛、山左一帶富產漢魏石刻，而杭州地處江南，向來缺少高古碑刻有關。

《武林訪碑錄》收錄杭州石刻近千種，主要為各類碑刻、摩崖題刻以及少量墓誌〔註7〕。此外還包含少量磚文，如天監磚、於府君磚。這些金石品目的時間跨度很大，包含南朝、唐、五代、南北兩宋、元、明、清各朝代，其中年代最早為南朝梁武帝蕭衍時「天監（502～519年）磚」。石刻類最早的是唐天寶六載（747）源少良題名，唐代題刻還有寶曆二年（826）唐烏重儒題名，以及長慶間（821～824）蕭悅等題名、唐開成（836～840）題名等。年代最晚為清代乾隆三十五年（1770）吳穎芳撰《廣濟橋碑記》。此外還收錄順治、康熙、雍正年間碑刻多通，如立於康熙八年（1669）武林南澗箬庵問禪師塔銘、雍正九年（1731）《南山亭記》等。

對乾嘉時期金石學者來說，受復古思想影響，往往崇尚愈古愈真的觀念，研究目光主要集中在時代較早的三代吉金文字以及漢魏晉石刻資料上，因為這些金石資料對於考證經史具有重要的學術意義。但對於相對晚近的宋元石刻，甚至明代、清代石刻則較為忽視。黃易金石學著作中，《小蓬萊閣金石目》著錄金石由三代至元朝而止，而《武林訪碑錄》大量收錄明代及部分清代碑刻，正是有益的延續和補充，完善了黃易金石學研究的整體框架，足證其學術眼光的超前與獨到。

由於《武林訪碑錄》是依照原稿重抄的本子，很多原稿信息在抄本中變得模糊，但從抄手照錄的文字中，還是可以略窺作者的編輯思路、方法等具體情況。首先《武林訪碑錄》的纂輯體例是碑刻一般只記題刻名稱與時間、撰者、書者，如「《吳山海會寺重建記》，宏治五年孟夏李旻撰，錢鉞書，張琳篆」；摩崖題刻則大多錄文，並增加所在地點、書體、字徑及與相關信息。記錄的字體有正書、楷書、分書、行書、篆書、八分等，下列字徑尺寸，有時也會注明鐫刻特徵如雙鉤、雙鉤不起底等。還有的照錄下刻工姓名，如「混元三界，列宿仙班，名山洞府，一切聖眾，石匠毛林正書」，「恒言格語，嘉靖庚申夏六月滁上胡松父刻」。

明清以來的訪碑活動，大體上是先根據地方史志或拓片資料框定碑刻所

〔註7〕抄本中也雜入了一些金類銘文，但數量很少，要者如吳越王錢鏐鐵券、岳飛祭爵、杭州府儒學鐘銘、同仁祠千佛閣香爐款識等。

在地，然後再進行實地考察，但在訪碑活動之前或結束，一般都會保存下紀錄性的文字。此稿多處印證了這一方法的施行。例如《勅賜聖壽禪寺碑記》條記：「正統十二年，文雲在杭城武林山二里，疑城內」，似是根據已有拓片推定原石所在。因此，可以說《武林訪碑錄》是黃易在杭州進行訪碑活動的計劃藍本，以及部分實施完成的情況記錄。全稿所記石刻大致可以分為已訪碑目與待訪碑目兩部分。相對待訪碑目而言，已訪碑目會有較詳細的說明性文字。

有的條目記錄了訪揚時碑刻保存的狀況，如「集慶寺有宋碑題云『杭州資因院賢首教藏記』，下截埋土中」，查訪天籟谷宋代題刻的實際保存情況云「三行半露凌虛樓外，余為檻所蔽」。黃易對瑞石山飛來石的勘察，對石背、石頂皆親自檢驗，並記錄「石頂今浸漶」等信息，甚至一些題刻中的梵文也依樣畫出。如對位於靈隱飛來峰石窟藏傳佛造像題刻的記錄，將梵藏文字（及中文「金剛□識」）也一併依樣描摹記錄〔註8〕。

有的記錄了訪揚時的情景，如勘察寶成寺後山詩刻時，「因陽光炎熾難以再為打揚，更兼天色已晚，只得俟以異日，或即所云青衣童子像題字亦未可知。」有時經過詳細勘察，訪揚出前人未發現、記錄的新字跡，如「萬松嶺有天地萬物不磨獨立石一卓爾，補揚有美登峯二刻小款。」還有的涉到到碑刻的鑒真，如記載梵天寺經幢云：「《西湖漁唱》謂忠懿王錢俶書，疑非。」再如在訪揚至元二年《西湖書院重修大成殿記》時，黃易勘察原碑後認為「趙孟頫書四字似補刻」。

黃易對題刻文字的訪查記錄是十分細緻的，凡有辨識不清之處，皆以□代替，有的字跡即使只能辨認出部分偏旁也會將偏旁抄錄下來。對於勘驗後有疑義而未能確定者，也詳細記錄以俟後考。如「嘉靖壬辰春芹泉姚文清、蘇山范永鑾、白泉汪文盛、磨溪熊榮、瑤湖王□、體齋陸冕同遊。楷書，二寸餘，二題有一紙刻蓮花洞內，一刻雙鉤不起底，未知孰是。」

還有一些條目詳細記錄下勘察情況與考證。如「釋伽像無款，當查碑陰。」「理宗《聖賢贊》：伏羲、堯、舜、禹、湯、武王、周公、孔子、顏、曾、思、孟十三贊，今存十二，所闕者疑文王。外序三碑，淳祐改元孟春賜國子監，應即其時所刊李龍眠七十二弟之像。」「孝孫□□□亡公林十二郎、亡姑唐二娘子、

〔註8〕應為「金剛勇識」四字，未見前人記錄此題刻梵文。賴天兵《杭州飛來峰藏傳佛教造像題材內容辨析》文亦稱「55龕「……金剛勇識佛（注：上龕龕楣處有「金剛勇識」四字及一行梵文，因岩面風化甚重，題刻未見於此前的文字記載。）」，載《文博》1999 年第 1 期，頁 58。而黃易《武林訪碑錄》中摹錄應為首創。

亡孝（原抄眉批：疑「考」字）林一郎、亡妣嚴大娘子。楷書，疑宋刻。」「吳山壽星石之北有宋人題名，疑即天籟谷玉牒趙某三行。」其他還有不少如「理公岩洞內未錄」、「龍泓洞外未錄」之類的記錄，可見雖經實地勘察，但未及錄文。

黃易十分善於將史志文獻與實地勘察結合，進行文獻與原石的對比研究。如下列幾條記載：

> 張烜、高世彥等題名，嘉靖己酉。高世彥字仲修，號白坪，內江人，嘉靖壬辰進士，有《自得齋集》，見《明詩綜》四十一卷。

> 西湖未曉吳山月，風雨飛空臥石龍。箕山程漫題書，行書，三寸餘。在瑞石山飛來石上，今鏟去。

> 莫栻等《瑞石山志》「紫陽書院」四字在山前，載梁允植《錢唐縣志》，相傳為明人書，「敦本興讓」四字在山前，相傳為康熙年刻。

> 鼇峰傍有康熙丙申鐫、何山徐本題七律一首，王雲廷次韻。字作小楷，乾隆丙子鏟去，詩載本《志》藝文。

還有不少條目標注「當查」、「入錄」、「應補入錄」字樣，如「咸淳鍾當查」，「正德庚辰人日方豪、汪暉、陳直自靈山來。正書，六寸。三生石。入錄。」「張鵬翮赭山望海詩刻，康熙壬申春日。應補入錄。」這些應該是編輯碑目時的批註，也可證明抄本所據底本是未經繕清的原始稿本。

抄本還保留了不少據文獻錄出的碑目，這部分似乎並未親歷訪查，大概屬於待訪碑目，如「橐駝峰上有宋嘉定題名盧某，見《湖山便覽》」，「思道。楷書一尺一寸，疑在聖果寺。」除文獻檢索所得外，還有一部分石刻信息來自黃易師長、友人口授，因此闌入待訪目錄。如以下諸條：

> 丁龍泓先生曾言九里松轉灣有唐開成碑。

> 錢竹汀雲飛來洞中有萬戶雷彪題名，元時刻。

> 黃謂雲武義廟在茅觀前，有「蓬島」二字。

> 胡三竹云「華雨繽紛」四字側有「獨秀」二字，慧日峰下。歡喜岩有佛像三，崖上題名漶漫。

可見在金石學研究中，黃易對口述文獻也同樣重視。以上諸人大多精於金石之學，如丁敬（龍泓）撰有《武林金石錄》〔註9〕，錢大昕（竹汀）編有《潛研

〔註9〕 丁敬所撰《武林金石記》，實應為《西湖金石文字錄》，雍正九年（1731）李衛、傅王露等纂修《西湖志》卷二七、二八「碑碣」及卷十六至十八「古蹟」的部分內容，皆來源於此。《西湖志》編纂完成後，丁敬可能對《西湖金石文字錄》

堂金石跋尾》《潛研堂金石文字目錄》。胡三竹為胡栗，「西泠八家」中蔣仁評其「收棄秦、漢、唐、宋以來金石文字，題識辯證，眼光洞澈，薛尚功、黃伯思一流人也。」〔註10〕

《武林訪碑錄》記載大多精簡，但偶而也有較詳的條目，如訪搨寶成寺後山石壁石刻：

> 寶成寺後山相右近青衣泉，余見有石壁無數，所鑿佛甚像多，因細閱，搨得一詩刻。其詩云：吳山曲徑入西南，方之文雲深僧兩三……以以不能成句，但不知所作何時。又有童子青衣字，此地細觀尚有摹刻，時因陽光炎熾，難以再為打搨，更兼天色已晚，只得俟以異日。或即所云青衣童子像題字亦未可知。

寶成寺在吳山東南麓，原名釋迦院，後晉天福年間建，以石壁間麻曷葛剌造像最為著名。此條頗可想見黃易在傍晚時分打搨詩刻，流連難捨的悵惘情景。黃易當日因未能辨識完整而引以為憾的詩句，實為明人左贊所作，吳之鯨《武林梵志》記之較詳：

> 浙江參政左贊詩：吳山曲徑入西南，方丈雲深僧兩三。艾納吹風香細細，葛藤冐日影毿毿。泉分童子青衣洞，塵斷維摩白石庵。畫省若逢公事了，海天送目再停驂。〔註11〕

三、關於成書時間與過程的相關考證

由於與《武林訪碑錄》相關的記載極少，給考證此書的編纂時間與過程帶

進行了修訂，並改為《武林金石錄》，後友人倪濤據之編成《武林金石記》八卷。《武林金石記》的丁傳（魯齋）抄本輾轉為錢塘丁氏「當歸草堂」所得，即丁仁《八千卷樓書目》卷九所載「《武林金石記》十卷，國朝倪濤撰，稿本，丁魯齋抄本。」民國七年（1916）吳隱又據魏錫曾抄錄丁傳副本修訂後付剞劂，名為《武林金石記》，成為「吳氏遯盦金石叢書」之一，但將作者誤為丁敬。故今所謂丁敬《武林金石記》（或稱《武林金石錄》），實為倪濤《武林金石記》修訂本，雖然兩書源頭為丁敬著作，內容也大致相同，但未可混為一談。而丁敬《武林金石錄》原本雖未見流傳，但基本內容保存在《西湖志》與倪濤《六藝之一錄》「石刻」部分。詳細考證請參閱錢偉強《倪濤〈六藝之一錄〉研究》，浙江人民美術出版社，2017年，頁182~188。

〔註10〕蔣仁篆刻「昌化胡栗」邊款。胡栗，字潤堂（一字潤伯），號三竹，昌化人。諸生。家本素封，不事生產，日以詩酒為事。畫書詩臻逸妙品，兼擅篆刻，尤精於鑒賞，有《陸渾山人集》《東蒙詩抄》。詳見朱琪《真水無香：蔣仁與清代浙派篆刻研究》，浙江人民美術出版社，2018年，頁122。

〔註11〕〔明〕吳之鯨《武林梵志》卷一，清文淵閣四庫全書本。

來一定困難，筆者認為應當結合黃易的生平經歷進行推證。首先可以明確，此稿絕非其早年所撰。而黃易乾隆四十二年（1777）報捐，次年（1778）春分派山東，此後宦居山東直至去世長達二十餘年。就目前資料所知，二十餘年間他僅返回故里一次，即乾隆六十年（1795）因母親梁瑛故去，扶柩歸葬杭州。根據筆者所作考證，黃易杭州之行的行程是七月十五日啟程，九月初五日抵杭，由於他在杭州已無房產，只能短期停留，營葬完畢後至十月間皆居停杭州，直至是年大雪節氣（十月二十九日）後離杭〔註12〕。

據此可知，黃易能有機會在杭城親身訪碑的時間，只有乾隆六十年（1795）的九、十月間。可以想像，要在一個多月的時間內全面訪拓杭城金石遺跡，即使經過充分的前期準備，在當時的條件下也是不可能完成之事。一方面，由於時間促迫，致使《武林訪碑錄》書稿體例不嚴，內容潦草。另一方面，由於訪碑是在母喪期間進行的，因此更加低調而不事張揚。也正因為這是一部隨手記錄的訪碑筆記，才會在黃易的金石學著作中顯得相對草率，而此書卷首皆稱「錄」而不稱「撰」的原因，或許也與之有關。

檢浙江圖書館古籍部所編《館藏浙江金石拓片目錄（初編）》，載有乾隆六十年冬黃易兩則題名〔註13〕，印證了是年黃易確在杭州名蹟訪遊的事實，題刻所在為南屏、飛來峰龍泓洞，正與《武林訪碑錄》中行跡吻合。近年又有文博工作者在水樂洞新發現乾隆六十年十月十日黃易等人題名石刻：「無錫秦瀛、錢唐黃易、海鹽張燕昌、山陰陳廣寧、金匱錢泳、嘉興戴經、戴光曾、江寧劉徵、長州吳國寶，以乾隆六十年十月十日來此。」〔註14〕則從時間上完全印證了筆者的考證。而實為是年所作的《訪古紀遊圖冊》，記錄了黃易在杭州、蘇州、無錫、常熟、淮安等地訪古經歷，其中又以杭州為重點，又與其每訪碑必繪圖、記錄的習慣性規律高度一致。

值得注意的是，乾隆六十年（1795）八月下旬，原在山東任職的阮元調任浙江學政，他於十一月朔抵杭州，初六日接篆。阮元在編纂《山左金石志》時，已多有運用黃易的收藏，此次出任浙江，應也已有意纂輯兩浙金石，而黃易恰

〔註12〕詳見朱琪《故宮藏黃易尺牘叢考》，故宮博物院編《故宮藏黃易尺牘研究·考釋》，故宮出版社，2015年，頁142。

〔註13〕浙江圖書館古籍部《館藏浙江金石拓片目錄（初編）》，卷一，浙江圖書館油印本，1982年3月。

〔註14〕此題刻2017年底由秦明、許力等訪得，見秦明《故宮藏黃易〈訪古紀遊圖冊〉誤改紀年新證》，《杭州文博》，2018年第1期，頁17。

在同一時間段因葬母之暇訪錄杭州金石，兩者之間或許有所關聯。吳錫麒致黃易的一封信札，即傳遞出這樣的消息：

> 前接手書，知有太夫人之戚，素旐南返，將謀窀穸之安，此時度可卜吉矣。家居讀禮，幸無塵事相牽。近聞芸臺宮瞻復以學使至浙，竊念吾鄉金石頗缺搜羅，得一大力者以提唱之，而又有足下與晉齋諸君相為翁助，大江東去。如睦、婺、東甌、縉雲諸地，多有訪古家屐齒所不到者，瓦礫斜陽，湮沒不少。雖吉貞著錄漢魏以前之物未即能與山左頡頏，而剔隱搜奇，以補歐趙諸家所未備，亦必蔚乎大觀，固時不可失也。米樓以丁艱歸里，其天才秀發，一時無兩，尤能究心金石，如任之採訪，當必能報最焉。〔註15〕

吳錫麒邀黃易趁南歸之際與趙魏一起協助阮元搜訪兩浙金石遺跡，並向其推薦了丁艱歸杭的仁和倪稻孫（米樓）參與其事〔註16〕。

　　清代學術史上，一些社會身份與經濟地位不高的學者往往以遊幕為生，他們協助幕主處理事務，有的則以參與文人幕府集團編修的大型綜合性書籍為業，而自己的著作卻零落甚至無存，黃易身邊的趙魏、朱文藻、何元錫等人即此類典型。同時，很多私人著述也被幕府集團纂輯的皇皇巨著所掩蓋而失色。事實上這類由幕主署名的大型圖書在編纂過程中往往大量參考了未能付梓的學者手稿，例如阮元官職遠高於黃易，其《山左金石志》《兩浙金石志》的纂修，運用黃易的收藏與研究成果是十分便易的。

　　古代金石學著作的編纂方式，主要分為摹拓圖文、輯錄文字、題跋考證三種方式。因為摹拓圖文的纂輯方式要求較高，一般學者大多採用的是輯錄文字與題跋考證的相結合方式。當然也不乏僅輯錄文字而不加考證的金石目錄著作，其中最為簡省者則是「碑目（金石目）」一類，即僅記錄金石碑刻的名稱、時間、書體等簡要信息，不錄具體文字內容，如黃易《小蓬萊閣金石目》、趙魏《竹崦庵金石目》等。但無論是詳考還是簡目，大多都經過分類與排序，例如誤歸為丁敬的《武林金石記》（實為倪濤據丁敬底本撰編）採用錄文與考訂兼備的方式，並綜合金石碑刻的官私性質、金石種類、地域分布、石刻類型等進行分類。即使是《小蓬萊閣金石目》這樣的目錄式金石著作，

〔註15〕〔清〕吳錫麒《有正味齋尺牘》卷上，清光緒刊本。
〔註16〕阮元《兩浙金石志》成書於嘉慶十年（1805），但書刻成已在道光四年（1824）。最終列名參與編纂者僅有趙魏、何元錫、許宗彥三人。

也按照時代細分為三代、秦、漢、魏、吳、晉、前秦、後燕、梁、後魏、北齊、後周、隋、宋、遼、金、元、遼、金、元、無年月搨本等。然而《武林訪碑錄》全稿有目無文、有錄無編，文字也未經校理，可能原稿連黃易本人也未暇董理便遭散出。

綜上所述，可以確定《武林訪碑錄》是黃易乾隆六十年（1795）輯錄的地域性金石志，為輯錄杭州金石碑刻之專書，主要記錄其親身尋訪、記錄的石刻資料，也包含部分或見於史志文獻，或師友口耳相傳，但未及親訪的金石資料。從書稿命名來看，《武林訪碑錄》應當受到丁敬《武林金石錄》、倪濤《武林金石記》（即丁丙跋文所言《武林石刻記》）等書的影響，但由於黃易素重親身尋訪，故不以「金石志」為名，而題為《武林訪碑錄》，進而與之前的嵩洛、岱麓訪碑成為同一系列。

《武林訪碑錄》雖流傳不廣，但仍為清代中後期的史志纂輯與金石學研究提供了重要的參考。嘉慶十年（1805）成書的阮元《兩浙金石志》可能已經參考了本書，如《武林訪碑錄》中存目的「梁天監磚」與待查的「咸淳鍾」等，在《兩浙金石志》皆著錄甚詳。此後龔嘉儁修、李榕纂《（民國）杭州府志》「金石」卷，更援引《武林訪碑錄》記載多達一百餘處，而且李榕亦自纂《杭州金石志》三卷，這些書籍的編輯皆得益於《武林訪碑錄》。

〔附記〕本文在撰寫過程中，得到原南京圖書館研究館員沈燮元先生指點與幫助，附此誌謝。另黃易《武林訪碑錄》點校整理全文附於拙著《蓬萊松風：黃易與乾嘉金石學》出版，上海古籍出版社，2019年

圖 1

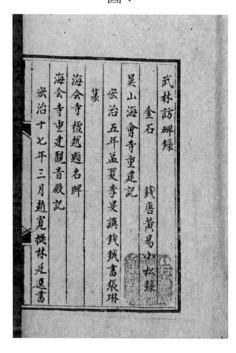

武林訪碑錄

金石　　　　　錢唐黃易小松錄

吳山海會寺重建記

　宏治五年孟夏李昊譔錢鉞書張琳篆

海會寺檀越題名牌

海會寺重建觀音殿記

　宏治十七年三月趙寬撰林廷選書

圖 2

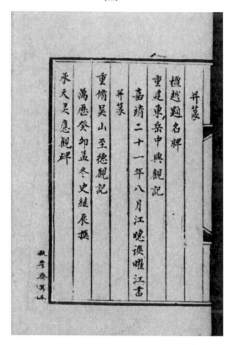

并篆

檀越題名牌

重建東岳中興觀記

嘉靖二十一年八月江暟譔曜江書

并篆

重修吳山至德觀記

萬應癸卯孟冬史維辰撰

承天是應觀碑

圖 3

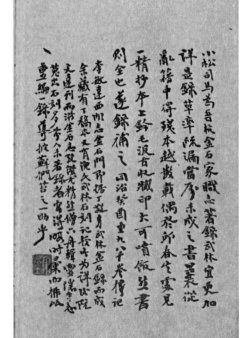

圖 4

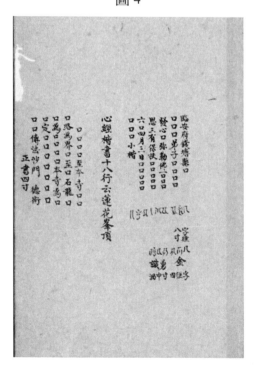

圖 5　　　　　　　　圖 6

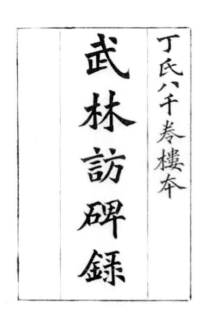
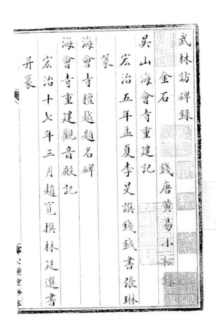

　　本文係江蘇省社會科學基金一般項目「黃易金石藝術文獻整理研究」
（21YSB017）階段性研究成果

梁漱溟晚年對鄉村建設運動及其自身思想的評價

周春健

　　1980 年 8 月 12 日至 24 日，美國芝加哥大學艾愷教授對梁漱溟先生做過一次細緻的專訪。其時，梁先生正值米壽，居住於北京木樨地 22 號樓。訪談結果，在 1993 年由一耽學堂整理而成《這個世界會好嗎：梁漱溟晚年口述》（以下簡稱《口述》）一書。在這次訪談中，艾愷教授多次提及梁先生當年參與和領導的河南村治運動及山東鄉村建設運動，梁先生對此亦多所回應。由此，可以見出梁先生晚年對鄉村建設運動的評價，同時揭示出其參與領導鄉村建設運動的思想淵源，以及對其一生的自我評價。《口述》一書，對於我們正確理解鄉村建設運動以及梁先生本人思想，均具有重要的文獻價值。

　　茲以《口述》（東方出版中心 2006 年版）為文獻依據，以「鄉村建設運動」為中心，紬繹五點，以見梁先生眼中的鄉村建設運動及其自身定位。

一、佛家‧儒家

　　在整個訪談中，梁漱溟先生在身份上到底是儒家還是佛家，到底是儒教徒還是佛教徒，可算是一條紅線，貫穿始終。對於自己的思想傾向，梁先生有時是儒、佛並舉，但更多的時候是傾向於佛家。比如最初接受艾愷訪談時便有所引導：

> 我們彼此談話，我還是希望你瞭解我的思想的根本，我的思想的根本就是儒家跟佛家。……因為佛家的跟儒家的是我的根本，所以如果瞭解這個根本，是最好，最要緊。（頁 7）

接下來，梁先生便與艾愷詳辨了佛教中小乘與大乘的分別，並於第二天（8 月 13 日）訪談時特意強調大乘佛教「不捨眾生，不住涅槃」與儒家「入世」思想的貫通，稱其「搞鄉村建設、鄉村運動」乃是行菩薩道，非小乘佛法：

> 我自己承認我是個佛教徒，如果說是一個儒教徒我也不否認。為什麼呢？為什麼也不否認呢？就是因為這個大乘菩薩，我是要行菩薩道，行菩薩道嘛，就「不捨眾生，不住涅槃」，所以我就是要到世間來。因此我的一生，譬如大家都知道我搞鄉村建設、鄉村運動，我在政治上也奔走，奔走於兩大黨之間，就是為國家的事情，特別是在日本人侵略中國的時候，所以這個算是出世不算是出世呢？這個與出世一點不違背，因為這是什麼呢？這是菩薩道，這不是小乘佛法，小乘佛法就要到山裏頭去啦，到廟裏頭去了，不出來了，大乘佛法就是「不捨眾生，不住涅槃」。說我是儒家，是孔子之徒也可以，說我是釋迦之徒也可以，因為這個沒有衝突，沒有相反。（頁 29）

「說我是儒家，是孔子之徒也可以」的表述，明顯可見其佛家重於儒家的思想傾向。在 8 月 16 日的訪談中，當艾愷問他「您有今日的成就，在您背後支持您的原動力是什麼」時，梁先生回答：「我覺得還是得力於佛，佛學。」（頁 121）接下來，當艾愷強調梁先生的「由佛轉儒」時，梁先生又曾明確說：

> 我是在生活上做一個人的生活，我思想上還是傾向佛家。思想上傾向佛家，人還是做一個人的生活。（頁 125）

在採訪的最後一天（8 月 24 日），艾愷請其回顧一生有何感想時，梁先生也是首先明言自己是一個佛教徒：

> 我要說的一句話，你瞭解我，我是一個佛教徒，佛教徒他把什麼事情都看得很輕，沒有什麼重大的問題，什麼都沒有什麼。再說到我自己，我總是把我的心情放得平平淡淡，越平淡越好。我的生活也就是如此。（頁 336）

在梁先生的觀念中，似乎不太情願承認自己存在一個從佛家向儒家的轉向，他自認為從來都是佛學對他的影響更大。並且認為並非如艾愷所言「到了晚年才到了非常高的超脫一切的那種狀態、那種領域」，而是一生「一直

一樣」（頁 337）。正因為如此，在梁先生看來，自己更是一個「佛教徒」的身份，「儒家之徒」的名號略有一點「被動接受」的味道：

> 我自認為是佛教徒，不過就社會上多數人、一般人來說，不如像你說的是一個儒家之徒好。我願意接受你這個。（頁 337）

包括對艾愷《最後的儒家》的書名，梁先生之所以能夠接受，也是出於方便大眾瞭解的考慮：

> 我覺得這個書名還好。什麼叫好呢？就是比較還合適。說我是儒家比說我是佛教徒還合適，因為讓大家瞭解起見比較合適。（頁 337）

當然，在梁先生頭腦中，也曾有過「入世」與「出世」的矛盾。比如在第二天（8 月 13 日）的訪談中，梁先生提到自己「很早想出家」，艾愷便有「不過您也參加了辛亥革命啊，您參加辛亥革命的時候您還想出家」的疑惑（頁 32），梁先生回答：

> 我常說自己，有兩個問題佔據了我的頭腦。兩個問題，一個呢，現實問題，現實中國的問題，因為中國趕上一種國家的危難，社會的問題很嚴重。這個現實的問題刺激我，這個問題佔據我的腦筋。可還有另外一個問題，剛才說的是個現實問題，還有一個問題是一個超過現實的，也是人生問題，對人生的懷疑煩悶——對人生不明白，懷疑它，有煩悶，該當怎麼樣啊，這不是剛才說想出家嗎？這是兩個問題，兩個問題不一樣，一個就讓我為社會、為國事奔走，一個又讓離開。（頁 32）

梁先生參與、領導的鄉村建設運動，當屬「為社會、為國事奔走」的範圍，屬於「入世」，屬於大乘佛教或儒家；「讓離開」、「想出家」，則屬「出世」，無疑又是受了小乘佛教的影響。

不過在 8 月 22 日的訪談中，梁先生又試圖彌合二者，以為自己在不同時期的看似矛盾的選擇，其實並不相衝突：

> 梁：出世思想很早，的確是想出家為僧，當和尚。
>
> 艾：假如是這樣，為什麼辛亥革命以後才有精神危機？就是說想自殺，就是說，假如已經有了出世的思想，為什麼積極地參加辛亥革命？
>
> 梁：這個不相衝突。為什麼不相衝突？我常常說，我一生啊佔

據我自己頭腦的有兩大問題，一個是中國問題，是現實的
中國國家的問題、社會問題。國家問題就是中國的衰弱危
亡、社會的苦痛，這是常常地佔據我的頭腦的一個問題。
可是另外一個問題遠遠超過、大過這個問題，就是對人生
問題的懷疑煩悶，以至於對人生的否定。一直是這麼兩個
問題，有時候這個問題佔優勢，有時候那個問題佔優勢。
（頁 305～306）

簡言之，佛學尤其是大乘佛學，是支撐梁先生一生從事鄉村建設等社會運
動的最重要思想根源。

二、思想家・學問家

在訪談中，梁先生多次提及自己「老學問」不行，稱從小沒有打好基礎。
他更願意承認自己是一個「思想家」，而不願承認是一個「學問家」。

在 8 月 15 日的訪談中，艾愷與梁先生有這樣一段對話：

艾：假定您是十幾歲現在，您會改行，還是跟原來一樣，做學
者？

梁：我常常對人表示我不是一個學者。

艾：是啊，您書裏也常常有這個否認。

梁：對。我承認自己是一個有思想的人，並且是本著自己思想
而去實行、實踐的人，我就是這麼一個人。我對學術啊、
學者啊，對中國的老學問不行。我對你說過，小時候沒有
念過「四書五經」，「四書五經」的書裏面有些個生字我現
在還不會認。那麼，再一面，現在的學問，科學我也不行，
我西文不行，科學一定要學外國文，我的西文不行。所以
講到學問，我只能夠歇一歇，我說我不行。

艾：您真的覺得是如此嗎？

梁：我自己承認我是個有思想的人，獨立思考，表裏如一。（頁
89～90）

在 8 月 22 日的訪談中，梁先生再次談到：

我不夠一個學問家，為什麼？因為講中國的老學問啊，得從中
國的文字學入手，才能夠有中國老學問的根底。可是中國的文字學

我完全沒有用功，所以對於作為古書根底的文字學，我沒有用過心。那麼，對於中國古書也沒有讀過，小時候沒有讀中國的經書，所以講到學問的話，我的中國學問很差、很缺少。……所以外國學問也不行。這兩面說下來，就是說我完全不夠一個學問家。

那麼我所見長的一面，就是好用思想，所以如果說我是一個思想家，我倒不推辭，不謙讓。思想家跟學問家不同，學問家他知道的東西多，他吸收的東西多，那麼在吸收、多知道、多看，裏邊當然也有創造，沒有創造不能去吸收。可是在一個思想家來說，他不同於學問家的，就是雖然他也要多知道些東西，不知道古今中外的一些個知識，他也沒法成為思想家，但是呢，他的創造多於吸收，跟學問家不同。那麼，所以我承認我自己是思想家，不是學問家。

（頁 323）

梁先生說自己「老學問」不行，沒有讀過中國的經書，當然有謙虛的成份，比如在訪談中梁先生便經常隨口引用《周易》、《論語》、《孟子》等傳統經典，對於朱子、陽明等人的語錄也極為熟諗。不過梁先生在這裏特意強調「思想家」與「學問家」的分別，表明在他觀念中，確乎更注重其「思想家」的身份，更注重思想家所具備的「創造多於吸收」的寶貴品質。這一點，在其最為看重的著作《人心與人生》中也可以得到印證。

在他「教員」、「記者」、「居士」、「社會活動家、政治活動家」的眾多身份中，梁先生更看重的是他對於社會活動、政治活動的參與，鄉村建設便是其一生中「最重要的大事」之一。在 8 月 16 日的訪談中，艾愷問到哪種工作對梁先生一生影響最大，生活中最重要的事情為何，梁先生均明確答覆是「為社會奔走，做社會運動」（頁 109）：

艾：……您覺得哪一種工作對您後來的生涯影響最大？

梁：我的生活，固然做過記者了，教過書了，做過教員了，可是實際上比較重要的是做社會運動，參與政治。……我實在搞了不少政治活動、社會活動，搞鄉村建設是社會活動，社會活動、政治活動恐怕是我一生很大部分。（頁 107）

艾：您想到過去的時候，您以為您生活中最重要的大事是什麼？

梁：大事一個就是為社會奔走，做社會運動。鄉村建設是一種

社會運動，這種社會運動起了相當的影響。我們曾經連續
三年，每一年都開一次全國性的鄉村工作討論會。鄉村工
作是我過去主要的奔走的一樣。再一個就是為國內的黨派
的團結抗日。……第一段是搞社會運動，第二段是奔走國
事。（頁 109）

應當說梁先生的這一想法，早年即有。比如當年受蔡元培之邀在北大任教
時，有一段時間（1921～1924）他特別想離開北大，以致於經常失眠、頭疼。
究其原因，乃在於梁先生「想不同知識分子見面，願意到鄉間去，跟那個頭腦
簡單的農民生活在一起，也不帶書，也不看書」（頁 189）。如此說來，梁先生
一生致力於鄉村建設當是他最快樂的追求，以致於 8 月 20 日當艾愷問他「由
山東鄉村建設研究院到在四川、北平講學，您是否從鄉村建設轉向文化建設」
時，梁先生也表態說「談不到」（頁 267）。不難看出，「奔走國事」、「社會運
動」，確乎是他最為看重的大事。

三、農村・城市

梁先生一生與毛澤東的交集，決非僅僅眾所周知的 1953 年 9 月全國政協
會上的二人「交惡」，圍繞「鄉村建設」，二人亦多所交流，在許多觀點上還十
分一致。

抗戰爆發不久（1938 年 1 月），梁先生曾得到蔣介石的允准，遠赴延安拜
會過毛澤東，並將其剛剛出版的《鄉村建設理論》一書贈送給毛，毛也曾認真
閱讀。在艾愷看來，毛澤東很可能受到了梁先生鄉村建設理論的影響：

您自己注重中國的特點，特別的地方，獨特的地方，毛主席注
重的是一般性，不過結果您走以後，就是到 1939 年，毛主席自己也
開始注重中國的特點了，就是說跟以前不同了。他是抗戰的時候一
直是比較注重中國社會的特點，而不是它的一般性，所以書裏推測
您還是對他有一點思想上的影響了。我不知道您覺得這個說法怎麼
樣，會不會太過分呢？（頁 83）

梁先生謙虛地回應：「我不敢這樣說。」艾愷則繼續推測，認為毛澤東後
來所推行的政策頗類梁先生的「村治公社」主張，重點也放在「鄉村建設」
上：

那就是說，您不是當局者，您看到他以後寫的東西，您去以後
寫的東西，看他這個政策怎麼樣了，越來越像村治公社的這種措施，

書裏面也是引起了別人的意見，就是說有人覺得是合理的，有人覺得還是您和他有很多很多區別，大大的分別，比如階級鬥爭這個問題啊。不過抗戰的時候中共也不是階級鬥爭，抗戰的時候共產黨還是鄉村建設，跟您當年鄉村建設很接近了，我書裏也不敢很確定是如此，不過好像是這個樣子。也很可能毛主席創造的他的那套思想是按照中國的客觀事實而創造的，那麼您自己也是按照中國的客觀事實而創造鄉村建設的理論，也許是因為客觀事實相同，所以您和他理論還是很接近的。（頁 86～87）

在這點上，梁先生也不諱言他與毛澤東政策上的相通之處，即入手都是農村：

可以說入手相同，他的革命的入手是農村包圍城市，他入手是農村，我要建設新中國，我也是入手是農村，從入手是相同。（頁 87）

之所以有如此判斷，是因為在梁先生看來，「中國還是一個以農村為根本的，這一點不能改，也不會改」，並認為「以農為本是最好的」（頁 292）。

在訪談過程中，梁先生也多次稱讚共產黨領導有方，對於改變中國農村農民面貌有著偉大功勳。比如在 8 月 13 日，艾愷發問：「您覺得四個現代這個計劃對中國文化有無什麼害處？」梁先生回答：

中國生活在現在的世界上，它不能夠違反潮流，它只能往前走，把物質文明發達起來，那是需要的。不過要緊的就是，過去的西洋物質文明發達是靠資本主義發達起來的，中國是自從西洋強大的勢力過來，中國已經沒有走資本主義的路的餘地了，不可能走資本主義，所以它不能不走社會主義的道路。只能在謀社會福利的裏邊，有了個人的福利，不能讓個人的福利壓倒社會福利，不可能。所以共產黨在中國的出現，並且成功，那是很合理的，不特別、不奇怪的。（頁 23）

可見據梁先生的觀察，共產黨領導中國，是為整個社會謀福利的。在梁先生看來，跟最初參與、領導鄉村建設的 40 多年前相比，此時的中國農村發生了巨大變化，也跟共產黨、毛主席的領導直接相關。在 8 月 20 日的訪談中，艾愷又將梁先生當年的鄉村建設理論放置於現代社會考量，問詢其在 1980 年代農村鄉村的意義，梁先生對此有所回應：

艾：您有沒有覺得您當年的鄉村建設的計劃或者理論對中國現

在所面臨的問題還可以用，或者用以參考的地方，有沒有
被用過，或者參考的地方啊？

梁：當然已經大有變化了，中國的農村大有變化了。

艾：那是什麼樣的變化呢？跟 40 年前的鄉村的情況有什麼不
同？

梁：從前農民散漫得很哪，各自自顧身家，沒有組織。現在是
共產黨來了，毛主席來了，先要組織互助組互助，初級社，
初級合作社，高級合作社，最後人民公社。從前沒有的
呀。……現在的確是組織起來了，過的生活是集體的生
活。……現在完全不是那樣，完全組織起來了，經濟政治
都合起來了。這人民公社並不單純是一個經濟組織。（頁
265～266）

當艾愷指出「但您以前的計劃有很多類似的地方啊」時，梁先生頗有感
慨：「就是，就是，我想做而做不到的。」（頁 266）如此回應，既可算是梁
先生對於當時中國社會、中國鄉村的欣慰，又可表明其鄉村建設理論對於中
國社會、中國鄉村具有持久的意義。

四、理想‧現實

理想與現實，也是這次訪談貫穿始終的一個話題。在 8 月 14 日的訪談
中，艾愷問梁先生：「跟 50 年前的情形來比，現在已經改善的地方，最多是
什麼？就是說，哪一方面跟 50 年前比是好的？」梁先生的回答是：「還是政
府跟黨、社會的變化。過去是黨的領導太強，幾乎廣大社會太被動，現在慢
慢變了，現在底下慢慢地起來了。」（頁 63）艾愷又問：

依您看，現在政府所實行的計劃，現代化、民主化、法制化，
現在要實現的計劃，跟一百年來哪一個前人提倡過的計劃最接近？
有很多人哪、政府哪，您自己也是……（頁 63）

梁先生以為過去，包括其自身的鄉村建設運動在內，多數屬於「理想」、
「口號」：

當初的理想啦，口號啦，可是僅僅是理想，僅僅是口號。可是
現在呢，比較從前不一樣了，比較不是停留在理想、口號上，事實
上慢慢接近。特別是現在看，開出來一個機會前進，過去沒有，過
去動亂，就是動亂不屬害的時候也缺乏民主，缺乏法制，何況是有

很大的動亂,幾乎是打內戰,鐵路都不通,現在比較上軌道。(頁 63)

梁先生又說,「過去講的都是空話」,這讓艾愷不得其解,他質疑道:

> 都是空話?那您覺得,比如鄉村建設運動,您自己也是發起了
> 這個運動,有沒有跟現在的情況類似的地方?(頁 63～64)

在梁先生看來,他過去想做的一些事情,現在好多都能做到了,都基本在朝這個方向走,他說:

> 就我自己說,我想要做到的——我曾經說過一下了——就是讓
> 散漫的農民——各自顧身家,顧我一身一家的農民——能夠組織起
> 來,能夠組成團體,現在組織起來了。團體組織是一面,是中國所
> 缺乏的,要趕緊往這方面走。還有一方面就是,中國的科學技術上
> 是太缺乏了、太落後了,那麼怎麼樣子把科學技術能夠引進到中國
> 來,引進到農業上,引進到農業工業化,這個事情現在也能做了。
> 一個團體組織,一個科學技術,這個兩面,從前我搞鄉村運動的、
> 我想要做的事情,現在都往這個方向走了。(頁 64)

如上節所引,在 8 月 20 日的那次訪談中,梁先生曾經感慨,現在的中國有好多事情是過去他「想做而做不到的」,這得益於共產黨的領導。艾愷也認同這一點,他曾說:

> 中國共產黨為什麼成功呢?因為有個政權。您依靠的是逐漸的
> 一套理性而又實行您的計劃了。中國的共產黨成立了這個政府,以
> 後就可以用別的辦法啦。(頁 266)

梁先生回應道:

> 我是覺著,幫助農民,我是希望……。我講過了,一方面呢組
> 織起來,有團體組織,一方面呢,能夠利用科學技術。現在已經實
> 現,現在沒有散漫的農民啦。又有了組織,農業改良也有了新的技
> 術,都可施行了,都施行了。……(頁 266)

當艾愷感慨說「那是不是說您以前的目的達到了」時,梁先生確乎也頗為欣慰:「我想做的,現在已經……。」(頁 266)倏忽四五十年,當年的理想,諸多已化為現實。

五、改良‧革命

革命還是改良?鬥爭還是改良?這一問題關乎對梁先生鄉村建設運動的評價與定位。8 月 18 日,艾愷曾經拿梁先生的鄉村建設運動與毛澤東領導的

革命鬥爭相比較，認為鄉村建設理論試圖避免直接的鬥爭，梁先生基本表示認同。對話如下：

> 艾：我這本書（按：指《最後的儒家》）的重要的一點，是您和
> 毛主席的比較，有類似的地方，你們之間最大的區別就是
> 鬥爭，毛主席喜歡鬥爭，他覺得是好事，矛盾是好事，政治
> 是好事；而您呢，起碼依我所看，就是想避免政治鬥爭、矛
> 盾的。比如階級鬥爭這個問題，毛主席一直都覺得越劇烈
> 越好，越鬥越好，那麼您的鄉村建設理論、計劃，總想避免
> 直接的矛盾、鬥爭。我這個話您覺得怎麼樣？
>
> 梁：差不多，差不多。毛主席是強調階級鬥爭，就因為強調階
> 級的存在，階級存在，就強調階級鬥爭，過去曾經是成為
> 國內的一種主要的思潮，可是現在慢慢地過去了，就國內
> 說慢慢地過去了。……（頁 165）

在 1985、1986 年汪東林對梁漱溟先生的訪談中，梁先生也曾正面談到這個問題。在談及鄉村建設運動的影響及效果時，梁先生認為鄉村建設運動之根本點與毛澤東之革命鬥爭不同：一是改良，一是革命：

> 上述歷時七年之久的較大規模的社會實驗，在當時鄉間也是不
> 無效果的。諸如實驗區鄉村之社會秩序、經濟發展、文化教育、民
> 情風習等方面，均有好的變化和氣象。但是，正如我在解放初期發
> 表的文章《我何以終於於改良主義》中所說，由於其根本點，與階
> 級鬥爭和暴力革命相徑庭，我落到同許多社會改良主義一樣，終歸
> 未能真正解決中國問題。更何況日本入侵，山東省大部陷於敵手，
> 所謂鄉村建設實驗也就到此為止。（汪東林《梁漱溟問答錄》，湖南
> 出版社 1988 年版，第 53 頁）

對鄉村建設運動「改良」的評判，其實早已有之。在 1938 年 1 月梁先生於延安初見毛澤東時，毛在認真讀過他的《鄉村建設理論》一書後就曾對他說：

> 你的著作對中國社會歷史的分析有獨到的見解，不少認識是對
> 的，但你的主張總的說是走改良主義的路，不是革命的路。改良主
> 義解決不了中國的問題，中國的社會需要徹底的革命。（汪東林《梁
> 漱溟問答錄》，第 62～63 頁）

　　當時的梁漱溟並不認同毛的說法，二人為此還發生了爭論。不過據上兩節所述，1980 年代的梁漱溟，也認同四十年後的中國，在共產黨、毛主席的領導下已經基本實現了他當年的理想，表明梁先生對鄉村建設運動的「改良」性質並不否認。

　　從思想淵源上講，梁先生特別認同宋明理學家中的大程子和王陽明，稱自己「算是陸王派」（頁 106），並言「更喜歡王陽明底下的王心齋──王艮」，因為「王艮在社會裏頭他是一個下層的人，他是一個工人，他是搞鹽的鹽場的工人，並且他的門下，王心齋這一派，有許多都是家工，很普通的人，不一定是上級講學問的人」（頁 107）。梁先生認為自己一生所做的事情，就是「把宋明儒者講學的風氣跟近代的社會運動合二為一」（頁 333）。故而，在鄉村建設運動中，他所使用的辦法主要是「養成」，而不是「說服」（頁 322），這與毛澤東在抗戰時所用的「改造」的方式，「完全是兩回事」（頁 334）。這或許正體現了一位思想家、哲學家，與一位革命家、政治家的根本區別。

六、參考文獻

1. （美）艾愷、梁漱溟：《這個世界會好嗎：梁漱溟晚年口述》，東方出版中心，2006 年。
2. 汪東林：《梁漱溟問答錄》，湖南人民出版社，1988 年。

作為中國哲學方法的「訓詁」
——張豐乾《訓詁哲學：古典思想的辭理互證》述評

楊青華

　　近代以來，作為傳統主流學術的儒家經學逐漸瓦解分流，以西學為參照系的現代學科分別建立。相較於文學科、史學科，「哲學」能否作為一門獨立的學科最具爭議。「哲學」概念是由西方譯介過來，中國古代本無之。但如果拋開方枘圓鑿的格義，用馮友蘭的話講，哲學是人類精神的反思，是人類的精神反過來以自己為對象而思之。從這個角度看，無論是周秦諸子，還是漢唐經學、魏晉玄學、宋明理學以及舶來的釋氏之學，甚至清代考據學，都包含著古人對自我、社會以及自然的省思。換句話講，若把哲學理解為思想，如果說中國古代沒有思想，此種說法顯然也是失諸實事求是。正如錢穆所指出：「『哲學』一名詞，自西方傳譯而來，中國無之。故余嘗謂中國無哲學，但不得謂中國人無思想。西方哲學思想重在探討真理，亦不得謂中國人不重真理。尤其如先秦諸子及宋明理學，近代國人率以哲學稱之，亦不當厚非。唯中國哲學與西方哲學究有其大相異處，是亦不可不辨。」因而問題的根本不在於中國有沒有哲學，而在於如何展現中國「哲學」，已取得豐贍成果的中國哲學史研究便是致力於此種工作。隨著研究的推進，時代的呼聲，當下哲學界已經不再滿足於對中國哲學的「述」，而是試圖「作」，即激活傳統資源，回應時代問題，做有說服力的「中國哲學」。因之，中國哲學的方法論問題也成為當下哲學界的熱點議題，如「經典世界」概念，「思想史」的方法，等等。其中張豐乾老師《訓詁哲學：古典思想的辭理互證》（以下

簡稱《訓詁哲學》）就試圖以傳統訓詁的方法，直面經典文本，通過辭理互證，探究中國傳統哲學思想，可謂是近年來中國哲學方法論的一部力作，在學界引起了較大的反響。

一、辭與理的互證——「訓詁哲學」的理論與實踐

文字的發明是人類進入文明的標誌。它的出現使人類的生活經驗不再僅依靠口耳相傳，因此文字也成為歷史的「留聲機」。在各種各樣的生活經驗中，「思想經驗」較為特殊，它不同於其他經驗，往往較為抽象，很難用繪畫、器物等媒介直觀傳達，而文字成為瞭解它們的一種有效途徑。中國有著悠久的文明史，記錄文明的典籍亦非常繁富，如《詩》《書》《易》《春秋》以及周秦諸子書等等。今人理解經典固然包括各色各樣的具體事物，但重點及難點不在於具體的名物、制度，而在於其所蘊含的「義理世界」，即古人關於自我、社會及自然的哲思，也可稱為「理」或「道」。

如何理解「理」和「道」，在中國古人看來，文字言辭及記載它們的典籍無疑是基本路徑。如孔子論《詩》說：「《詩》，可以興，可以觀，可以群，可以怨。邇之事父，遠之事君。多識於鳥獸草木之名。」在孔子看來，鳥獸草木等名物固然是學《詩》的重要內容，但其重點在於如何通過讀《詩》誦《詩》，通達「興觀群怨」、「事父事君」的修己治人之道。因為《詩》中除了鳥獸草木等名物之外，更蘊含著豐厚的人生哲理。即便是以名物、制度考據為職事的乾嘉考據學者有也不否認這點，如戴震就指出：「經之至道者也，所以明道者其詞也，所以成詞者字也。必由字以通其詞，由詞以通其道，必有漸。」在戴氏看來，字詞固然是理解經典的基礎，但是求「道」則是終極歸宿。

隨著時世播遷，文字的所指會因時間、地域不同而發生變異，後世如何準確的理解前人文字所表達的義理就成為問題，「訓詁」及「訓詁學」由此產生。「訓詁」也稱「詁訓」，其詞源於漢代《毛詩故訓傳》，唐孔穎達解釋：「詁古也，古今異言，通之使人知也；訓者道也，道物之貌，以告人也。……『訓詁』者，通古今之異辭，辨物之形貌，則解釋之義盡歸於此。」清儒陳澧則說得更為明白：「蓋時有古今，猶地有東西，有南北，相隔遠，則言語不通矣。地遠則有翻譯，時遠則有訓詁。有翻譯，則能使別國如鄉鄰；有訓詁，則能使古今如旦暮，所謂通之也，訓詁之功大矣哉！」可知，「訓詁」成為後世理解經典「義理」的重要津梁，亦正如陳少明先生所指出：「一種

伴隨著文字發展的源遠流長的文化，其關鍵字的字源中，必然包含有根基性的意義。但這種意義會因歷史的變遷而被後起的觀念所遮蔽，而後起的觀念不一定能取代原始經驗的全部價值，有時甚至會誤導對生活的理解。訓詁不僅有益於我們深化現成的思想範疇的哲學內涵，而且有助於發現某些常用字被日常用法所掩蓋的內在意義，即從中發現未被揭示的義理問題。」

若將中國傳統「義理」之學作為古代「哲學」或思想的代名詞，那麼「訓詁」相應地也成為後世瞭解古人思想世界的途徑之一。因此「訓詁哲學」的概念便破土而出，該提法最先由饒宗頤先生所倡導，他指出：「我以為我們應該提倡訓詁哲學」，「竊以為治中國古代哲學，宜除開二障，一是西方框框之障，而是疑古過甚之障。東方哲學的源泉由本土茁長而生，有自己的 pattern，不必要套取西方的模式。文獻上的資料，經典上的語言，不僅要處理文字的表面意義，還須進一步理解它內在的深層意義，和其他相關的經典語言的同義異辭。」「訓詁哲學」的概念雖由饒先生最先提出，但他並未對其進行詳細的解釋說明，也鮮有具體地實踐。而張豐乾先生《訓詁哲學》則一書則是對饒先生「訓詁哲學」概念的繼承與發展，並將其明晰、深化，且付諸實踐。在本書第一章「『訓詁哲學』釋義」中對「訓詁哲學」的內涵與外延進行了界定。張先生指出：

> 訓詁哲學，就是以訓詁的方法研究及闡發哲學範疇。具體內容包括考證特定的作為哲學範疇的語詞，追溯其音義發生、發展的途徑，梳理哲學史層累與斷裂的端緒，進而建構新的哲學思想。換言之，就是以哲學語詞「形而下」的訓詁為基礎，闡發其「行而上」的哲學思想，以求得「古今如旦暮，別國似相鄰」的目標。

此對「訓詁哲學」概念進行了界定。此外，作者還就「訓詁哲學」需要注意的問題作了補充說明，張先生指出：「訓詁哲學首先不是關於訓詁的哲學，而是把訓詁當作哲學探求的一種途徑，這種途徑重視經典的搜集整理和語言變化的歷史過程；同時，也把哲學看成訓詁的一種昇華，尋求文字之『上』的普遍意義」，「是以語詞的訓詁為基礎，進一步闡發文字、文本和經典的哲學意義；亦可稱之為「辭理互證」，「訓詁哲學還不是訓詁學的一種，而是哲學的一種，特別是研究中國哲學的一種方法，也兼作哲學創作的一種方法」。

在界定清楚「訓詁哲學」的內涵及邊界之後，作者又結合具體案例，進行「訓詁哲學」的實踐。在本書第二編中，作者分別以「慎獨」、「聽」、「觀」、

「解」、「通」等概念為例，探求其所蘊含的哲學思想，別有見解，勝義迭出。傳統的思想史或哲學史，往往多注重「情」「性」「心」等範疇，很少關注「聽」和「觀」等語辭，而「聽」和「觀」等作為人類最基本的感官功能，往往是人類審視自己，觀察他人及自然最為樸素的方式，如「仰觀俯察」、「觀象作器」等，因此也可成為瞭解古人哲思的基點。作者分梳傳統文獻，結合出土材料，認為「聽」的形式有「以心聽」和「以神聽」兩種方式，逐漸成為認識和判斷的代名詞，且與古代的「聖」「智」等觀念密切相關，為我們清晰地展現了「聽」在古時如何由一種感性認知逐漸發展為理性認知的歷程。作者指出：

> 「聖」是一種水平很高的「知」，是「知之華」，能根據間接的、歷史的或者遙遠的，總之是「聽」來的信息，把握事物的要害，得出正確的結論，選擇合適的行為；而「知（智）」則是對直接、現實的、就近的事務，總之是看到的信息作出判斷。「聖」和「知（智）」顯然都具有認識論的意味。

「聖」、「智」是經典中常見的兩個概念，以往研究多關注於其內涵本身，但對於如何「聖」，如何「智」，則鮮有追問，作者認為而善「聽」是達「聖」、「智」的基本途徑，可謂是徵之有據，言之成理，頗有新義。

又如在第十二章中，張先生以《周易》為主線，旁徵博引，全面揭示出「觀」的哲學意蘊，正如他總結道：「觀」的行為統攝耳目，貫通主客，並不是對外界刺激的簡單反應。「觀」不是普通的視覺，而是「諦視」。我們把重要的勘察活動亦稱為「觀」。作為哲學概念的「觀」不是純粹的名詞，而是「動名詞」。「觀」的哲學包括觀的依據，觀的主體，觀的對象，觀的方法，觀的結果，觀的意義，觀的邊界，等等。分析細緻而全面，令人頗有「耳目」一新之感。

二、經、史、子的融通——鮮明的方法論意識

自漢至清，中國傳統思想固然以儒家為主體，但周秦諸子以及釋老之學亦佔有重要地位。他們雖思想主張各異，但仍有許多共通的論域。如儒家的「天地」，道家的「道」，佛教的「如來藏」等都體現了各自對於宇宙、自然、社會、人生的關懷與探索。某些概念在不同家派中言語修辭雖異，但其實質則同，反之，許多修辭雖同，但本質則異，如儒家、墨家皆主仁義，但對人

仁義的理解則相反，法家雖反對仁義，但對仁義的理解則與儒家若合符節，因此「離堅白」，辨異同實屬必要。如上引，饒宗頤先生提出「訓詁哲學」概念時，就特意拈出「同義異辭」問題，然而饒先生僅指出了一個方面，其實「同辭異義」的現象同樣需要注意，既要看到「同中之異」，又要看到「異中之同」。認識到異同只是知其然，進一步還要知其所以然，概念的訓解還需要跳出文本之外，借助更多文本之外的東西，比如歷史、制度、文化等等，因此訓釋此類概念性的語詞，須綜合各種方法。如乾嘉考據學大師戴震曾言：「一字之義，當貫群經，本六書，然後為定」張之洞曾言：「由小學入經學者，其經學可信；由經學入史學者，其史學可信；由經學史學入理學者，其理學可信。」此即強調經、史、子等學可互為發明，而訓詁是一切學問的基礎。清儒在經典研究中取得的成就與其自覺的方法論意識密切相關，同時也為後人積累了豐富經驗，如「以經證經」、「以子證經」、「經史互證」等等方法。張先生《訓詁哲學》顯然自覺繼承和嫻熟運用這些方法，有鮮明的方法論意識，主要體現在以下幾個方面：

（1）經史互證。《論語·陽貨》：「唯女子與小人為難養也，近之則不孫，遠之則怨。」此語因涉性別歧視之嫌，算孔子言論的「負面清單」，也引起學者們濃厚的興致，辯誣者有之，非議者亦有之。張先生系統考察歷代重要學者對此的解說，且結合荀悅《漢紀》、班固《漢書》、范曄《後漢書》的徵引情況，認為孔子此言有特定的所指，有明顯的政治目的，此處的「女子」及「小人」指君主身邊的內寵、嬖近、阿保、御豎等，最後總結道：「儒家有一個勸說的技巧，即通過提出『唯女子與小人為難養』這種說法來提醒君主和主政者的人，要約束自己的行為舉止，並意識到身邊的女子和小人都有「近之則不孫，遠之則怨」的特徵，從而去任用和仰仗正直的大臣。」由於《論語》的言說背景已難知曉，此種解釋是否符合《論語》原意難為確論，但在《漢書》、《漢紀》中，大臣屢引此語勸諫時君，提醒人君要注意身邊的寵妾和閹宦，此為我們理解「小人」、「女子」的含義提供了一種思路。張先生對此甚為關注，可謂是「以史證經」的典型。

（2）經子互證。「慎獨」是儒家的重要觀念，從鄭玄到朱子，再到王陽明、劉宗周，對其意蘊皆有闡發，至今仍為學者所注目。然而一個不爭的事實就是，思想史上對「慎獨」觀念的闡發一直以《大學》、《中庸》為主軸，鮮及其他經典。而事實上，在先秦時期，除了思孟學派以外，先秦儒家殿軍

荀子對「慎獨」觀念亦多有論及，後世學者或受尊經觀念，或因排斥荀子「性惡論」，對荀子的「慎獨」說不甚關注。在「『慎』的哲學」一章中，張先生認為《荀子・不苟》篇的相關論述，對於理解「慎獨」內涵至為重要，對其特別留意，且博引秦漢典籍，如《慎子》、《管子》、《禮記》、《詩經》、《爾雅》、《說文》、《韓詩外傳》、《說苑》等，廣為發明，深入揭示「慎獨」的哲學意蘊，體現出鮮明地兼容並包、實事求是的學風，也展現了「以子證經」的方法論意識。

（3）傳世文獻與出土文獻互證。地不愛寶，自清末以來，出土文獻大量發掘，為學術研究提供了新材料，也由此產生了新方法，王國維在上世紀二十年代提出了著名的「二重證據法」，即利用地下材料與傳世文獻互為證明之法。這些出土文獻內容多涉周秦諸子思想，極具思想價值。張老師治先秦哲學有年，對其較為關注，其中帛書《周易》、馬王堆《老子》、郭店楚簡、竹簡《文子》等亦是其研究及關注的重點。此在《訓詁哲學》中有明顯的體現。如在「『聽』的哲學」一章中，張先生在解釋「聖智之道」時就將竹簡《文子》與今本《文子》以及帛書《五行》篇互為發明。正如作者所指出：「今日學者，得見地下文獻多矣。這些文獻在當時或許只是贗品，於今日卻彌足珍貴。地下文獻與傳世典籍相互比照，重新考察和檢討學術史、思想史，或許『訓詁哲學』的路子最為可取。」

（4）注重同辭異義。在《訓詁哲學》中，張先生還特別注意「同辭異義」問題。如在第十三、十四、十五章，作者以《莊子》「庖丁解牛」及《周易》解卦為例，探古人「解」的哲學。作者分別闡釋了「解難」「解憂」「解氣」「和解」等詞的含義，認為「解」包含人類面對艱險而自動的尋求解決之道，「憂」是人類精神生活的常態，「解憂」成為生活的意義和樂趣所在。「解氣」既是自然現象，也是生理現象，也指對憤恨之氣的化理解。「和解」是回到「虛」「湛」之狀態，不是混淆是非，而是對「對方」的充分認知、理解和結納。凡此種種，既展現了「解」的宇宙生成論意義，也揭示了古人豐富、細膩、高明的政治智慧、生活智慧。而這些都是古人的哲思要義。作者最後強調「同辭異義」的問題，並總結指出：《莊子》中「解」，剖判、離析是「解」之本義，「解懸」之「解」是其引申義，有解救、釋放、鬆懈之義。另外還有「解放」「解脫」「解決」等義。凡此種種皆徵之有據，言之在理。

《訓詁哲學》的「方法論意識」不僅指作者在研究中的對「訓詁」方法論

嫻熟運用，還體現為明顯的哲學方法論思考。如上揭，「訓詁哲學」的提法本身就是對「中國哲學」的方法論思考與反思。而在本書第十九章，張先生對近代以來「中國哲學史」的研究方法及評價尺度有所反思，認為哲學史研究存在「層累」和「膨脹」的問題，需要釐清次序，辨明系統，借助文獻，直面經典文獻本身，並指出：「中國哲學史的研究，如果只停留於概念和範疇的解釋，而沒有考慮歷史地理的因素和語言文字衍變的過程，就會顯得比較生硬。比如，對於『道』和『德』的解釋，往往比附於西方哲學的概念，而忽視了漢語的語境。」

三、訓詁與義理——作為方法的「訓詁」有效性與局限性

訓詁學本質是說釋義理。在傳統學術中，訓詁被納入小學，在清代屬於考據之學。訓詁學的方法固然多種多樣，如因形求義，因聲求義等，但訓詁學的主要任務還是探求字詞的意義及其演化規律。正如段玉裁所言：「聖人之製字，有義而後有音，有音而後有形；學者之考字，因形以得其音，因音以得其義。」可以說訓詁是手段、途徑，義理是歸宿。章太炎亦言：「蓋學問以語言為本質，故音韻訓詁，其管籥也；以真理為歸宿，故周、秦諸子，其堂奧也。」如果很好地處理二者之關係，本可以相得益彰。但清代考據學發展至頂峰，其弊端也逐漸顯露。比戴震稍晚的錢大昕《經籍纂詁序》言：「有文字而後有訓詁，有訓詁而後有義理。訓詁者，義理之所由出，非別有義理出乎訓詁之外者也。」「六經者，聖人之言，因其言以求其義，則必自訓詁始；謂訓詁之外別有義理，如桑門以不立文字為最上乘者，非吾儒之學也。」因為地域、古今差異，有文字而有後訓詁，但是文字作為載體，訓詁作為手段，其根本在於求得義理，如果說「有訓詁而後有義理」，義理是由訓詁所出，不免本末倒置。義理從訓詁出，若同一個字詞，歷代有不同的訓釋，如果說「義理」由訓詁出，訓詁不同，則義理各異，則不免又落「六經注我」之窠臼。如錢穆對錢氏的說法則大不以為然。徐復觀更是指出：「清代考據，本是工具之學，但他們無形中以名物否定思想。自標漢學，以打擊宋明理學為快意，卻把中國文化的精神完全埋沒了。」又指出：「更糟的是，他們因反宋學太過，結果反對了學術中的思想，既失掉考據應有的指歸，也失掉考據歷程中重要的憑藉，使考據成為發揮主觀意氣的工具。」但是無論如何，以語言文字為基礎的經典，通音識字是其基礎，有其有效性和必要性。此可從兩個層面來

講，一是理論層面，一是實踐層面。

1. 理論層面：訓詁學本身的目的不是訓釋常見的基本詞彙，因為基本詞彙與人們日常生活密切相關，古今變化不大，比如山、川等。古漢語詞義演變有兩條重要的規律，一是由具體到抽象，一是由實到虛，因此訓詁的重點及難點是那些古今詞義變化較大，且較難言說的抽象語詞。哲學是一種理論思維，較為抽象，涉及許多抽象的概念。在中國哲學史中，同樣有類似的問題，如陳淳的《北溪字義》就是以辨析宋明理學中的抽象概念為主的著作，清儒陳澧《漢儒通義》則是專門選錄漢代典籍中涉及抽象概念的語句，分門別類，試圖說明漢儒的雖重訓詁亦重義理。從這個角度看，訓詁與義理有一種天然的共存關係，可以說訓詁因義理而生，義理可由訓詁而明。因而，從訓詁的角度去把握「義理」或者「哲學」，有其必要性和有效性。

2. 實踐層面：正是因為經典當中有大量的較為抽象的概念，因而也是其張力所在。張力的存在則為文本詮釋的提供了空間。這在經典詮釋傳統中有大量的例證。語言具有共時性與歷時性特徵，因此以「訓詁」求「義理」也必須考慮這兩個層面。

（1）共時層面。首先，在同一經典內部，其概念具有共時性。以《論語》為例。如《論語·為政》篇有孟懿子問孝、孟武伯問孝、子游問孝、子夏問孝，他們所問的對象都是「孝」，但孔子的回答卻各有不同和側重，其原因在於「孝」本身有某種張力，孔子因此能夠給予弟子不同的回答，孔子對於「孝」的闡釋，就是訓釋抽象概念的經典案例。其次，不同文本之間，相關概念具有共時性。如「仁義」，儒家講：「仁者人也」，「義者宜也」。墨家講：「義者利也」，墨家的「仁義」觀與儒家很不相同。反之，韓非子雖然反對「仁義」，但是他對於「仁義」的理解與儒家則是相同。在中國思想解釋傳統中，有大量類似的案例。

（2）歷時層面。以漢唐經學及宋明理學為例。《大學》首章「大學之道，在明明德，在親民，在止於至善。」其中「新民」在《禮記》中作「親」，朱子《四書章句》從程子之說，訓為「新」。在漢唐儒者的經典解釋中，《大學》本是指導貴族如何從政的經典文本，側重於政治儒學。鄭玄云：「大學者，以其記博學，可以為政也。」其本義是君子當顯明至德，親善百姓，從而達到天下大治。受佛教如來藏、自渡渡他等觀念的影響，宋儒對其別有一番解釋，如朱子將「明德」釋為得之於天的「理」，釋「新民」為「新者，革其舊之謂也，

言自明其明德，又當推以及人，使之亦有以去其舊染之污也。止者，必至於是而不遷之意。」顯然朱子的闡發則更側重於內在的心性論。一字之差，漢唐政治儒學與宋明心性儒學判然可見。

再以「慎獨」為例。鄭玄注《中庸》「慎其獨」云：「慎獨者，慎其閒居之所為。小人於隱者，動作言語，自以為不見睹、不見聞，則必肆盡其情也。」鄭玄訓「獨」為「獨處閒居」的狀態，側重於人身體的外在狀貌。而朱子則解釋道：「獨者，人所不知而己所獨知之地也。言幽暗之中，細微之事，跡雖未形而幾則已動，人雖不知而己獨知之，則是天下之事無有著見明顯而過於此者。……所以遏人欲之將萌，而不使其滋長於隱微之中，以至離道之遠也。」朱子的解釋則側重人內在的動機、念頭，漢儒與宋儒對此解釋大為不同，鮮明地體現出漢宋學不同的思想特質。

同樣，清代反宋學的乾嘉諸老在批判宋儒時，也還是從訓釋抽象概念入手，如戴震的《原道》、《原善》、《孟子字義疏證》，阮元《性命古訓》等，都是試圖通過對某些抽象概念的重新詮釋與解讀，從而達到解構傳統的目的，此即梁啟超所言「以復古為解放」。可知，無論是宋儒，抑或清儒，他們對傳統的解構都是以「訓詁」為底色。因此不論從理論層面，還是實踐層面，通過「訓詁」求取「義理」具有一定的必要性和有效性。

但不是說以訓釋概念或哲學範疇為中心的「訓詁」就是萬能鑰匙，其局限性亦非常明顯。其中兩個方面須注意：

首先，訓詁的限度問題。語言學中的訓詁形式主要有形訓、聲訓、義訓，其中以義訓最為常見和多樣。如同義相訓、反義相訓、設定界說（下定義）、描寫形態（描寫事物的形狀、性能等）。但哲學的訓詁如果僅停留在這個層面，就顯得淡然寡味。比如「仁」，從訓詁的角度很好理解，《孟子》說：「仁者愛人」，《中庸》：「仁者人也」，《孟子》：「惻隱之心，仁之端也」。從語言訓詁的角度，這樣訓釋已足夠，但如果繼續追問，什麼是「人」，什麼是「愛人」，什麼是「惻隱之心」，這些就非語言訓詁所能完全表達清楚。《孟子》為說明什麼是惻隱之心，就採用了「乍見孺子入於井」以及「以羊易牛」兩個故事展現。同樣，「義者宜也」，從訓詁角度，這個訓釋就完成了。按字面理解，「宜」就是做該做的事情，但是什麼事情該做，什麼事情不該做，其標準是什麼？顯然還有更深的價值關懷和義理內涵，唯有弄清楚背後的義理，我們才能更好理解《論語》的「見義不為非勇也」。因此要準確的理解「義」，需

要通盤考察孔子的思想，孔子時代的思想。並且一個詞從古至今，在不同時期，不同地域，其含義不盡相同，如何準確把握其具體含義，需要綜合考察。比如需要結合文本的上下語境、行文脈絡，甚至古代中國社會的生活、習俗、歷史和典章制度等等。因而傳統小學中的訓詁只是理解經典或者義理的基礎及手段，並非能夠解決義理的所有問題。當然正是因為語言學訓詁的局限性，為哲學的「訓詁」提供了空間和必要。

其次，「概念」之外。字詞固然是表現語言的基本單位，但由字詞所組成的句子、段落、篇章等則是更大的語言單位。段落、篇章所展現的義理世界比起單個字詞或者概念所表現的義理世界要生動、形象且有趣得多。哲學有抽象與具體的雙向通道，哲學不僅講抽象，同樣有具體，如陳少明先生所倡導的「思想史事件」、「經典世界」就是以這種段落、篇章為中心的義理世界。正如陳先生所指出：「特別是像《論語》、《莊子》之類敘事性很強的文本，教科書中對之反覆辨析的、推究的概念，如仁、禮、心、道等等，在原文中並非精心界定的範疇，而是鑲嵌在許多不同的敘事片段中的字眼。」這些寶貴的哲學資源往往為以概念為中心的哲學史研究所忽略。這些帶有普遍意義的「思想史事件」的發掘，可以讓我們直面古人的生活方式、思考方式、價值觀念、情感取向。這種方法雖然也以理解文本為基礎，但可以有效避開歷代形形色色的訓詁，從而直面經典世界的生活經驗，以人、事、物為中心，通過觀古而知今，從中吸取養分，做具有當代意義的中國哲學。

《莊子》醜怪審美視閾下的古典繪畫創作──以怪誕人物圖、枯木圖為中心

朱玉婷

一、問題的提出

　　莊子以汪洋恣肆的文字、異於常理的觀念構建了一個奇妙的思想世界。後人在其博大深邃的思想世界裏，以哲學為根基，又構建起美學的世界。縱然立足《莊子》哲學來說，「《莊子》美學」這一命題難以成立，甚至被稱為「悖論」。〔註1〕但是，莊子在闡發哲學思想之時，對「道」的至境體驗與審美體驗不謀而合。由於這種相合，後世的文人學者遂從其中挖掘出諸多「美」的觀念並移至文藝領域，莊子哲學也因此有了新的意義。本文所論「《莊子》醜怪審美」，只是《莊子》豐富深邃審美空間一隅。這種醜怪審美與其精神氣質、哲學思想一樣，影響著後人的審美視域。翻開中國藝術史，不難發現中國古代藝術美醜兼審，既可欣賞風姿綽約的神人之美，亦不排斥醜怪的畸人，更沒有西方那種不得表現醜的法律出臺。無論是文學還是書法、繪畫等藝術領域都包容美醜。對此，李澤厚先生在《華夏美學》一書中有非常精闢的論述：

> 莊子從而極大地擴展了美的範圍，把醜引進了美的領域。任何事物，不管形貌如何，都可以成為美學客體即人的審美對象。在文藝中，詩文中的拗體，書畫中的拙筆，園林中的怪石，戲劇中的奇構，各種打破甜膩的人際諧和、平寧的中和標準的奇奇怪怪，拙重生稚、艱澀阻困，以及「謬悠之說，荒唐之言，無端崖之辭」（《莊

〔註1〕章啟群：《作為悖論的「〈莊子〉美學」》，《文藝爭鳴》，2018 年第 2 期。

子・天下》）等等，便都可成為審美對象。〔註2〕

而諸多藝術種類之中，《莊子》醜怪審美對繪畫有更為直接的影響，誠如徐復觀先生所言：「在莊子以後的文學家，其思想、情調，能不沾溉於莊子的，可以說是少之又少，尤其是在屬陶淵明這一系統的詩人中，更為明顯。但莊子精神之影響於文學方面者，總沒有在繪畫方面的表現來得純粹。」〔註3〕

那麼何謂「《莊子》醜怪審美」？在「《莊子》醜怪審美」視閾下，又如何理徐復觀先生所說的這種繪畫方面的「純粹」？本文欲通過梳理「《莊子》醜怪審美」概念的基本內涵，探討其在哪些維度上影響了中國古典繪畫創作，從而在更深層次上理解《莊子》之於後世藝術創作的影響。

二、何謂《莊子》醜怪審美

在討論《莊子》醜怪審美之於中國古典繪畫的影響之前，我們首先要釐清的是何謂《莊子》醜怪審美。筆者以為，大體可以從「《莊子》中的醜怪表達」及「《莊子》中的醜怪描寫」兩個不同維度加以論述。前者是《莊子》哲學思想中關涉的醜怪審美抽象性表達，後者則屬於《莊子》文本中醜怪形象的具體描寫與刻畫。

（一）《莊子》中的醜怪表達

首先，作為與「醜怪」相對的觀念，我們應清楚《莊子》如何看待「美」。莊子崇尚「大美」，認為「天地有大美而不言」，「大美」是最高境界的真美，是「道」的形象顯現。《莊子》全書也充滿對「大美」的讚頌，如《逍遙遊》中「其翼若垂天之雲」、「水擊三千里，摶扶搖而上者九萬里」的「鯤鵬」；「以八千歲為春，八千歲為秋」的上古之「大椿」；「樹之於無何有之鄉，廣莫之野」的大樹。美不應該局限於某個狹小空間，而是擺脫了時間與空間的束縛，包含整個宇宙，指向對自由的追求。莊子藉此說明大美即「無限之美」，「無限」遠遠勝於有限，也是莊子所說的「遊」的境界。

其次，莊子認為世俗所謂美醜是人們的「成心」造成的，以道觀之，二者沒有本質差別，即《齊物論》中所說的「厲與西施，恢恑憰怪，道通為一」。「道」是《莊子》哲學中的最高範疇，無所不在，既存在於美的事物之中，也

〔註2〕李澤厚：《華夏美學・美學四講》，生活・讀書・新知三聯書店，2008 年版，第100 頁。

〔註3〕徐復觀：《中國藝術精神》，華東師範大學出版社，2001 年版，第 80 頁。

在醜的事物之中。故而現象界的美醜是相對的，在本質上沒有差別，只要以道觀之，則「道通為一」。有人因此認為《莊子》泯滅美醜，取消了美醜之間的客觀區別，實則不然。《天地》中寫道：「百年之木，破為犧尊，青黃而文之，其斷在溝中，比犧尊於溝中之斷，則美惡有間矣，其於失性一也。」「百年之木」被剖開，用於雕刻，飾之文采後做成犧牛形狀的酒器，而廢棄的部分則被棄溝中。就外在形態而言，漂亮的酒器比廢棄的斷木要美，但是二者都失去了本性。這說明《莊子》並沒有取消美醜的客觀對立，只是並不以外形的美醜為最高評判標準。

再次，美醜不僅沒有本質上的差別，還可以相互轉化。莊子在《知北遊》中寫道：

> 人之生，氣之聚也。聚則為生，散則為死。若死生為徒，吾又何患！故萬物一也，是其所美者為神奇，其所惡者為臭腐；臭腐化為神奇，神奇復化為臭腐。〔註4〕

客觀上，「神奇」與「臭腐」是有美醜之分的，但這種美醜之分併非一成不變，在「氣」的作用下可以實現轉化。人的生命就是一團氣，生與死不過是「氣」的不同形態。因此，神奇的美的事物是「氣」，醜陋的腐朽的事物同樣也是「氣」，並沒有本質上的差別。神奇可以變為臭腐，臭腐亦可化為神奇。既然美與醜的本質都是「氣」，只要能表現內在生命力，達到「氣韻生動」，那麼「德有所長而形有所忘」。相反，如果沒有表現出內在的「氣」，即使外形美麗也是美則美矣，毫無靈魂。誠如葉朗先生所言：「在中國古典美學體系中，美與醜並不是最高的範疇，而是屬於較低層次的範疇。對於一個自然物或一件藝術品，人們最看重的並不是它的美或醜，而是它是否表現了宇宙一氣運化的生命力。」〔註5〕

（二）《莊子》中的醜怪描寫

除了具有哲學思辨意味的醜怪表達，莊子通過誇張的手法，刻畫了一系列醜怪形象，更加直觀地反映出其文字中內蘊的醜怪審美特色。

他毫不避諱地在作品中表現社會現實中的種種「醜怪」：或是描寫醜陋怪異的社會現象，以揭露人間黑暗，如《人間世》中描寫的權謀獪詐的戰亂時代，無辜者慘遭殺戮，社會成了人異化的陷阱。或是將歷史上的英雄美人、

〔註4〕（清）郭慶藩撰，王孝魚點校：《莊子集釋》，中華書局，1961年版，第730頁。
〔註5〕葉朗：《中國美學史大綱》，上海人民出版社，1985年版，第106頁。

帝王將相進行消解，如「竊國者諸侯」、「聖人生而大盜起」，「聖人不死，大盜不止」等看似怪異的言論。甚至，在作品中塑造出令人作嘔的「舐痔者」形象。其筆下最高範疇的「道」，也可以用醜怪之物來論述，這在先秦諸子中也是獨一無二的。他認為道「無所不在」：「在螻蟻」，「在稊稗」，「在瓦甓」，極而言之，「道在屎溺」。螻蟻、屎尿這樣的污穢醜物是難以寫入藝術作品的，但在《莊子》文本中卻得以顯現。他借一般人眼中的醜怪之物來論道，包含了自然萬物，也反映出他所強調的「齊物」觀。如此種種，建構起《莊子》的醜怪美學世界，光怪陸離的背後蘊含極為深刻的哲學內涵。

此外，《莊子》還刻畫出一組散木圖：大瓠、大樗、櫟社、商丘之木。這些樹木往往盤曲扭結，怪怪奇奇，絕非「佳木」。如《逍遙遊》中借惠子之口描繪的大樗樹：「其大本擁腫而不中繩墨，其小枝捲曲而不中規矩。」樗樹的根，瘻瘤盤結，虛大不實，不能合乎繩墨；它的小枝卷捲曲曲，不能中乎規矩。單從外形上看，樗樹確實比不上那些枝繁葉茂、筆直挺拔、生機勃勃的「文木」。但是，世人若能拋棄世俗「機心」，像莊子一樣以無用為大用，那麼散木何嘗不美？樗樹與大瓠都可以種之於無何有之鄉、廣漠之野，而人逍遙自得寢臥其下，也不失為一種愜意。《莊子》刻畫的這些散木形象也為後世繪畫中的枯木圖留下了可開拓空間。歷代畫者都可從中汲取養分，不求形美，但求抒寫胸中意氣。

當然，最突出的莫過於《德充符》等篇目中塑造的一系列外形醜陋怪異的畸人形象。如斷腳的王駘、申徒嘉、叔山無趾，相貌醜陋得令人害怕的哀駘它，又或是跛腳、傴背、缺唇的闉跂支離無脤和脖子上長了大瘤的甕㼜大癭。名字奇奇怪怪，迥異於常人，外形更是畸怪醜陋。《人間世》對支離疏形體的描繪可謂鬼斧神刀，令人歎為觀止：「支離疏者，頤隱於臍，肩高於頂，會撮指天，五管在上，兩髀為肋。挫針治繲，足以餬口。鼓筴播精，足以食十人。」支離疏的脖子縮到了肚臍，肩膀高出頭頂，髮髻朝天，五官向上。他天生駝背，肋骨幾乎要與雙腿並列。如此醜陋怪誕之人，在《莊子》以前絕無僅有，在儒家經典著作裏更是聞所未聞。莊子借助這些醜怪形象來揭示內在精神之美、德之美的重要性。外形的醜怪並不重要，只要其內在生命充滿德性的光輝，畸人就與藐姑射之山的「肌膚若冰雪，綽約若處子」的神人毫無二致。

《莊子》對「醜怪」的表達與描寫使得中國藝術絲毫不排斥審醜這種「高

級審美形態」。童慶炳先生指出「醜的對象，其外在的形態對審美感官具有阻
拒性，它不會順利地給人們帶來快感。但它卻具有一種吸引力，而且促使人們
從對象的外在表象中解脫出來，去關注與追尋對象內部的真實與蘊含的意味，
這樣，醜的對象就給人帶來一種更深刻的、更震撼人心的美感。」〔註6〕用中
國古典哲學中的「形神論」來理解，就是說「形」的存在使得我們無法正確把
握「神」的內涵，阻隔了「神」的表現，也阻礙觀者欣賞深層次的美。而這種
「重神輕形」的理念也正是在《莊子》中得到了史無前例的高揚與禮讚並在後
世影響到繪畫領域，至東晉顧愷之提出了人物畫「以形寫神」的命題，奠定了
中國古代人物畫的美學基礎。

　　綜上，筆者認為中國古典繪畫中的「怪誕人物圖」和「枯木圖」最能體現
《莊子》醜怪審美視對後世繪畫的影響，下文將分而述之。

三、《莊子》醜怪審美視閾下的怪誕人物圖創作

　　「由莊子所顯出的典型，徹底是純藝術精神的性格，而主要又是結實在繪
畫上面。」〔註7〕莊子塑造的那些恢恑憰怪的畸人在繪畫領域有更為直觀的顯
現，無怪乎聞一多說：「文中之支離疏，畫中的達摩，是中國藝術裏最具特色
的兩個產品。」〔註8〕在莊子畸人形象的直接影響下，中國古代繪畫中出現了
諸多風格怪誕的人物圖，其中以鍾馗圖和羅漢等道釋圖最為突出。

（一）鍾馗等鬼怪人物圖

　　鍾馗形象最早源於唐宮廷，吳道子根據玄宗夢境作《鍾馗捉鬼圖》（現已
失傳）。據《圖畫見聞志》記載：「吳道子畫鍾馗，衣藍衫，褻一足，眇一目，
腰一笏巾裹而蓬髮，以左手捉鬼，以右手抉其鬼目，筆跡遒勁，實繪事之絕格
也。」〔註9〕鍾馗面目醜陋，瞎了一隻眼，穿破藍衫，披頭散髮，還挖了小鬼
的眼睛，令人驚怖。吳道子所作鍾馗畫一問世便成為經典，被稱為「鍾馗
樣」，成為後人模仿的範本。

　　到了宋代，石恪不滿足於模仿前人，獨出機杼，塑造出奇崛狂怪的鍾馗

〔註6〕童慶炳：《審美及其生成機制新探》，福建人民出版社，2015 年版，第 216～
　　　　217 頁。
〔註7〕徐復觀：《中國藝術精神》，第 4 頁。
〔註8〕聞一多：《聞一多全集·古典新義》，生活·讀書·新知三聯書店，1982 年版，
　　　　第 289 頁。
〔註9〕（唐）張彥遠：《歷代名畫記》，上海人民美術出版社，1964 年版，第 177 頁。

形象。其《鬼百戲圖》，現已失傳。李廌《德隅齋畫品》中對圖像內容略有記載：「又嘗見恪所作《鬼百戲圖》，鍾馗夫婦對案置酒，供張果肴，乃執事左右，皆述其情態，前有大小鬼數十，合樂呈伎倆，曲盡其妙。」〔註10〕據此可知，石恪畫的是鍾馗夫婦對飲的場景，桌上擺有豐盛的果肴，兩位執事立在左右，另有眾多小鬼為之服務。《宣和畫譜》在論述其畫作特點時說：「好畫古僻人物，詭形殊狀，格雖高古，意務新奇，故不能不近乎譎怪」，〔註11〕一語道出石氏畫作怪誕的風格。

如果說石恪所作鍾馗只是筆法疏闊狂怪，至宋末元初，鍾馗畫則因為國破山河、異族侵入而有了更為豐富、深刻的意蘊。如龔開常於怪誕形象中傾注遺民感時傷事之情，所作《中山出遊圖》描繪的是鍾馗與其妹在眾多小鬼簇擁下乘車出遊的情景。畫面的焦點是環目虯鬚的鍾馗，他目光敏銳，怒目橫對眾鬼；其妹及侍女臉上的胭脂則以濃墨畫出，不見女子柔美，只覺驚駭。各小鬼們也都形態各異，面目猙獰，身著元兵服飾。身為南宋遺民的龔開在這幅畫中寄寓深沉的感情，他渴望能像鍾馗一樣掃蕩邪惡，抒發抗元之情。這是一種「藝術的抗爭」，元代文人在異族鐵蹄下，淪落於娼妓、乞丐之間，苦悶悲憤之情難以釋懷，只能在筆墨間傾訴憤懣和愁苦。

龔開《中山出遊圖·局部》紙本長卷，美國弗利爾美術館藏

與此相似的是明清易代之際，文人士大夫心態更加複雜、敏感，多借鍾馗寄寓心中哀痛與悲憤，鍾馗畫創作達到了頂峰。高其佩、金農、黃慎、羅聘、趙之謙、任伯年等都曾作鍾馗畫。其中，高其佩鍾馗畫作最多，傳世作品也較多。如《鍾馗怒容圖》中的鍾馗醜陋異常，面部表情猙獰，鬍鬚如蓬

〔註10〕于安瀾編：《畫品叢書》，上海人民美術出版社，1982 年版，第 162 頁。
〔註11〕（唐）官修，俞劍華注譯：《宣和畫譜》，鳳凰出版傳媒集團，2007 年版，第 165 頁。

草。畫面中，鍾馗縮小的頭部特寫與碩大的身形對比強烈，如莊子筆下的支離疏一樣。雖乍看頗為醜怪荒誕，細思又覺飽含畫者的感情，心中抑鬱不平之氣流露於線條之間。畫家通過誇張、變形塑造怪誕人物的做法與莊子如出一轍。高其佩宦海沉浮三十載，三次外放三次內遷，兩次丟官，看盡世態炎涼。他遭受的「刑罰」與《德充符》中的畸人斷腳一樣，都是來自人間社會的戕害。莊子於此刑罰之中看到了人間世的黑暗，以文字表現內心之「怒」；而高其佩與莊子一樣，看到了社會的種種黑暗，以線條、水墨描摹醜怪的鍾馗圖，祈盼鍾馗出現，喚醒正義，讓人間世不再有悲哀。

高其佩《鍾馗怒容圖》紙本設色，現藏於遼寧博物館

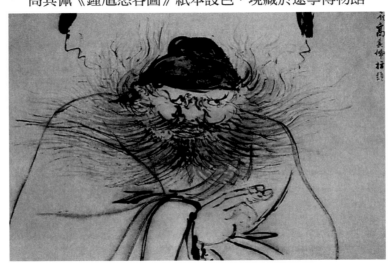

此外，還有一些人物畫雖然不是以鍾馗為主題，但卻與鍾馗圖一樣畫怪誕醜陋的鬼魂。如揚州八怪之一的羅聘，「尤著名者，則有《鬼趣圖》；或謂其生有異稟，雙睛碧色，白晝能睹鬼魅，生平所睹不一，故所作不止一本。」〔註12〕《鬼趣圖》共八幅，第八幅畫卷描繪的是兩髑髏對話，故事的源頭即是《莊子・至樂》中所寫的髑髏夢。《鬼趣圖》從選材到構思都前所未有，令人難以置信。對此，高居翰曾感歎：「十八世紀怪誕畫家的膽量，簡直就是馬戲團團員想要馴服獅子的膽量。」紀曉嵐亦有感而作《題羅兩峰〈鬼趣圖〉》，指出羅聘尚醜求奇之怪誕風格：「文士例好奇，八極心旁騖。萬象恣雕鎪，抉摘到邱墓。柴桑高尚人，沖淡遺塵慮。及其續《搜神》，乃論幽明故。豈曰圖神奸，將以資禁禦。平生意孤迥，幽興聊茲寓。此畫誰所作，陰

〔註12〕潘天壽：《中國繪畫史》，上海人民美術出版社，1983年版，第236頁。

風生絹素。」〔註13〕如其所言，羅聘畫風極為怪誕，其八幅畫作中的鬼怪或頭大身小，或佝僂駝背，承繼莊子丑怪審美一脈而來。

　　鍾馗等鬼怪形象人物畫眾多，在此不一一贅述。總結以上諸家之作，不難發現鍾馗形象在豐富起來的同時也變得光怪陸離，每位畫家都賦予了鍾馗新的意義：或藉此抒發遺民憂思與憤恨，或借題發揮表現對世道的不滿。荒誕怪異的鍾馗等鬼怪形象飽含藝術家的內在情感，折射出人間醜惡，也顯示出剷除邪惡，匡扶正義的光芒。這一醜怪形象也因其內在精神之美而具有審美價值，成為審美對象。雖然鍾馗等鬼怪形象的直接「圖像源頭」並非莊子，但鍾馗醜怪之外形與內蘊精神之豐富，不正是莊子筆下畸人形象所象徵的靈魂之美，德充之美嗎？二者的藝術精神都是相通的，後世的畫家能如此直接而深刻地表現這種形骸之外的美感，追溯到藝術精神的源頭，不可不提莊子。對此，徐復觀敏銳地指出：「這正是莊子的本領，也是一切大藝術家的本領。何以能如此？即是由『明』，由『透視』、由想像，而看出了對象的本質、意味。」〔註14〕

（二）羅漢等道釋圖

　　羅漢文化最初來源於古代印度，然沒有任何繪製羅漢圖的記載，傳入中國後卻成為我國古代繪畫與文學中的常見題材，實乃外來文化與本土文化的天作之合。東晉戴逵曾作《五天羅漢圖》，是我國目前所知最早有記載的羅漢畫，後有張僧繇繪《十六羅漢》。自五代貫休開始，羅漢畫名家輩出，主要有貫休、張玄、王齊翰、李公麟、周季常、林庭珪等。

　　貫休筆下的羅漢形象來自夢中，〔註15〕也正因為佛家經典中無正式記載，貫休及後世畫者才能有足夠空間盡情揮灑。就這一點而言，莊子中那些怪異的畸人形象給了畫者們最直接的圖像啟發，誠如宗白華所說：「莊子文章裏所寫的那些奇特人物大概就是後來唐、宋畫家畫羅漢時心目中的範本。」〔註16〕《宣和畫譜》曾記載貫休的羅漢圖，卷三云：

〔註13〕錢鍾聯主編：《清詩紀事》卷九《乾隆朝卷》，江蘇古籍出版社，1989 年版，第 5638 頁。

〔註14〕徐復觀：《中國藝術精神》，第 57 頁。

〔註15〕（宋）釋贊寧等：《宋高僧傳》卷三十：「（貫休）善小筆，得六法。長於水墨，形似之狀可觀。受眾安橋強氏藥肆請，出羅漢一堂。云：每畫一尊，必祈夢得應真貌，方成之。與常體不同。」

〔註16〕宗白華：《美學散步》，上海人民出版社，1981 年版，第 1 頁。（本文凡引此書皆據此版）

雖曰能畫，而畫亦不多。間為本教像，唯羅漢最著。偽蜀主取
其本納之宮中，設香燈崇奉者逾月，乃付翰苑大學士歐陽炯作歌以
稱之。然羅漢狀貌古野，殊不類世間所傳。豐頤戚額，深目大鼻，
或巨顙槁項，黝然若夷獠異類，見者莫不駭矚。自謂得之夢中，疑
其託是以神之，殆立意絕俗耳，而終能用此傳世。太平興國初，太
宗詔求古畫，偽蜀方歸朝，乃獲《羅漢》。〔註17〕

貫休所繪羅漢圖將常見的僧侶進行誇張變形，額頭高高隆起，眉骨明顯外
凸，眉毛極長而眼睛深陷，鼻樑甚高。「狀貌古野，殊不類世間所傳」，《宣和
畫譜》所言極是。以其《十六羅漢圖》中諾詎羅尊者像和阿氏多尊者像為例，
諾詎羅尊者眉目似鷹，鼻樑高挺，雙手合十。他倚靠在扶手處呈龍首造型的古
木座椅上，雖然外形怪誕，卻自有精神。貫休利用誇張變形，對羅漢頭部造型
與手部的骨骼進行改造，並且以墨色暈染，立體感頓現。長眉阿氏多尊者，眉
毛順著兩頰下垂到胸前。左耳也極致誇張，耳垂與下巴處於水平位置，牙齒外
露，雙目炯炯。這些怪誕異常的羅漢的確「非人間有所近似者」，「陌生化」觀
感十足。貫休筆下這些通過誇張、變形而來的羅漢與莊子塑造的畸人如出一
轍，雖然貌醜形怪，卻「立意絕俗」、「怪古不媚」。

貫休《十六羅漢圖》（局部）絹本設色，日本高臺寺藏（宋初摹本）

　　貫休塑造的經典羅漢形象一直為後世所承襲，後世畫家無論是畫達摩還是高僧，都以此為藍本。石恪曾作《二祖調心圖》，他以誇張的筆墨描繪出慧可、豐干二位禪宗祖師形象，表現二人在調心過程中的精神狀態。其中，慧可禪師歪著脖子，頭甚大，耳聾拉，身形也壯碩，手臂倒略顯纖細，並做託腮思考狀。他雙目緊閉，雙足盤疊，交叉而坐，鬍鬚肆意，看上去衣衫不整。另一禪師豐干，竟坐在虎背上，老虎與人面部表情都很柔和，雙眼似睜非睜，面貌怪異。其粗疏的五官以水墨的淺淡描繪而成，神情從容而慈悲。看似詼諧荒誕的畫作中傳達出畫者的內心。高居翰說，「我們看到這些粗糙的線條時，同時也能感覺到畫家手中的強勁動勢。」〔註18〕確如其言，石恪的畫作不以形似取勝，他將瀟灑恣意的潑墨與靈動的筆勢結合起來，筆墨交融，水墨淋漓，一氣呵成。心中的情思通過這樣的筆墨表現出來，在人物的誇張變形之中抒寫一己之懷與胸中丘壑。

　　又如梁楷《潑墨仙人圖》，以潑墨手法描繪了一袒胸露懷、步履蹣跚的仙人形象。梁楷的寫意人物畫化繁為簡，把人物畫的用筆、用墨推向了一個自由表現的境界，開創了率真洗練、疏括簡約的減筆劃風。畫中的仙人與莊子筆下風姿綽約的真人相距甚遠，卻神似支離疏之徒。他五短身材，額頭獨大，眼睛甚小，鼻子扁平，怪誕不羈。雖然外形上與貫休筆下羅漢有所差異，但都顯得醜怪、詼諧，胸中似乎有無限真意。知人論「畫」，梁楷本就是放浪形骸、疏狂怪誕之畸人，甚至被稱為「瘋子」。他不願被聲名束縛，拒絕了寧宗皇帝賜予的金帶，一心追求逍遙自在，此種性情與莊子精神甚為契合。

　　貫休之前道釋形象多推崇吳道子所繪，「脫落其凡俗」，從貫休開始，道釋形象則多了一種「魁岸古容」。醜陋古怪的羅漢形象，與莊子所讚美的「德有所長而形有所忘」的畸人一樣，充滿生命力與意味之美。莊子刻畫畸人本無所謂之於繪畫領域，卻因其「徹頭徹尾的藝術精神」，「對中國藝術的發展，於不識不知之中，曾經發生了某程度的影響。」〔註19〕

〔註18〕高居翰：《中國繪畫史》，臺灣雄獅美術印行，1984 年版，第 46 頁。
〔註19〕徐復觀：《中國藝術精神》，第 30 頁。

梁楷《潑墨仙人圖》紙本，中國臺北故宮博物院藏

四、《莊子》醜怪審美視閾下的枯木圖創作

形態各異的「樹」是中國古代山水畫中不可缺少的構成元素，折射出畫家
的審美趣味、人生態度。翻開中國繪畫史，既有鬱鬱蔥蔥，充滿生命力的文木，
亦有很多如龍蛇盤曲、衰竭枯朽的散木。諸多畫家通過描繪散木圖景，或表現
時代政治險惡，或抒發個人之高尚的情操，或展示內心難以言說的憂思。追溯
這一藝術形象的源頭，首推《莊子》中刻畫的散木圖。

（一）蘇軾《古木怪石圖》

蘇軾所作《古木怪石圖》最為著名，在文人畫發展史上也有重要地位。畫
面主體僅有一怪石與一古木，旁及些許竹葉與零星衰草，幾無其他背景。一石
一木將畫面分成左右兩個部分，左下角為怪石，形狀不似一般石頭那樣規則，
表面也有凹凸。位於畫卷右半部分的古木與怪石相伴而生，同樣古怪奇特，不
同於一般樹木風姿。此古木光禿，枝幹扭曲盤結，向右傾斜。當中還有一折枝，
再向上陡然彎曲扭結，又生出諸多分枝，呈現出鹿角狀，與怪石和諧共生。也
許是蘇軾有意為之採取的極簡化處理，以期賞畫者能去關注古木怪石所蘊涵
的生命意味與畫者複雜的思緒。

蘇軾《古木怪石圖》紙本墨筆，現藏於上海博物館

　　這些原本醜怪、毫無生氣的枯木與怪石經過蘇軾的靈心創造，成為具有豐富精神意蘊的藝術品。古木與怪石構成一對矛盾體，聯想蘇軾生平遭遇，怪石似乎象徵著政治上的打壓力量，而枯木則是蘇軾本人的代言人。枯木在醜石的打壓下，難以贏得生存空間，只能畸形生長，盤曲扭結。同時，枯木也沒有屈服於怪石，仍然生出新的枝幹，顯示出一種抗爭精神。整幅畫作充滿蓬勃怒放的生命力，笠原仲二就已指出此種枯樹之美：「古代的中國繪畫，常以萬葉凋落的枯木和長滿青苔的寒冬為畫材，一些畫家則以所謂『槁木死灰』的心境為理想境界。這是因為，表面上似乎是生命消盡了的枯木，其內部卻潛藏充實的生命力。」〔註20〕

　　從畫法上看，怪石核心部分蘇軾用筆較為枯淡，但其邊緣則用較潤的筆墨勾勒線條，筆法中又能顯示怪石的質地皴擦。古木用墨不乏潤筆，濃淡變化清晰，如鹿角狀的二三分枝，每一筆都各具特色，或濃或淡，栩栩有生氣。同時，蘇軾以書法入畫，以折釵畫樹，以行書及楷書的撇捺畫竹葉，並加以變化，使之更為靈動。雖然畫的是古木與怪石這樣的靜止物，整幅畫的筆致卻有一絲飄逸，蘇軾胸中丘壑盡傾於古木怪石之中。米芾就曾指出：「子瞻作枯木，枝幹虯曲無端，石皴亦怪怪奇奇無端，如其胸中盤鬱也。」〔註21〕

　　這一醜怪畫風與當時講究精雕細琢、富麗堂皇的宋院體畫形成鮮明對比，是創作者內心不平之聲在線條水墨之中的展現。創作主體的生命世界得以充分地表現出來，不被所謂的構圖、畫法、技巧、光線、色澤等束縛，找回生命最直觀的感受。黃庭堅《題子瞻枯木》云：「沖儒墨陣堂堂，書入顏楊鴻雁行。

〔註20〕（日）笠原仲二：《古代中國人的美意識》，北京大學出版社，1987 年版，第105～106 頁。

〔註21〕屠友祥校注，《東坡題跋》，上海遠東出版社，1996 年版，第 275 頁。

胸中元自有丘壑，故作老木蟠風霜」，〔註22〕言之甚確。蘇軾將心中或曠達或矛盾或抗爭等真切情感體驗傾注於古木怪石之中，故而這些看似醜怪的石與木都有了深意。

（二）八大山人《古梅圖》

《古梅圖》作於 1682 年，此時的八大山人正處於思想的極度苦悶期，作品多表現對故國的思念。雖然八大此一時期的畫作中還沒有呈現出晚年那樣明顯的怪誕風格特點，但其所作的《古梅圖》已表現出這種傾向。圖中的古梅樹主幹已空，根部扭曲，枝乾枯槎，短小粗壯，虯根外露。枝杈光光禿禿，似乎飽受風霜雨雪的摧殘。畫者用筆簡勁，以濃墨繪出樹洞，枝幹則以淡墨暈染而出，梅枝用簡約勁健的細筆勾出，最後用墨點出二三梅花。梅樹雖古卻姿態迴異，與傳統畫作中的梅樹形象絕不相同，自有風骨。

八大山人《古梅圖》水墨紙本，安徽博物館藏

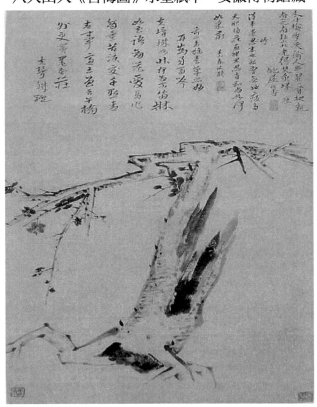

〔註22〕 （清）陳邦彥選編：《康熙御定歷代題畫詩》（下卷），北京古籍出版社，1996
　　　　 年版，第 156 頁。

這幅古怪扭曲的梅樹圖，是畫者心靈激烈碰撞的產物。「植物題材可能以多種象徵方式表達政治意義；當我們細審大量存世繪畫，精讀其題跋，就會發現許多這類例子。」〔註23〕高居翰所說的這種政治表達在八大山人的三首題畫詩（《古梅圖》）中表現出來，其中所透露的意味值得一悟：

> 分付梅花吳道人，幽幽翟翟莫相親。南山之南北山北，老得焚魚掃虜塵。（一）

> 得本還時末也非，曾無地瘦與天肥。梅花畫裏思思肖，和尚如何如采薇。（二）

> 前二未稱走筆之妙，再為《易馬吟》。夫婿殊如昨，何為不笛床？如花語劍器愛馬作商量。苦淚交千點，青春事適王。曾去午橋外。更買墨花莊。（三）〔註24〕

其一吟詠的梅花道人為元畫家吳鎮，因南宋滅亡甘於做一個隱士，保持節操。其二提及的叔齊、伯夷也是抱節守志之士，而遺民畫家鄭思肖畫蘭來表對故國忠貞，以此反抗元朝。其三先有詩序，作者認為前兩首詩還不足以表達內心的思緒故又題，這最後一首也最為難解，歷來說法頗多。〔註25〕這些題畫詩，是解開八大畫意的鑰匙，《古梅圖》寄託著他深沉的哀思。作為舊朝皇室血脈，生活於異族統治和壓迫之下，比常人更多了一絲故國與王孫情結，故而他藉此古梅樹形象，抒發國破家亡，「苦淚交千點」之沉痛心情。八大在《莊子》塑造的散木形象中尋找到了安慰，醜怪、衰老、凋落如散木也自有其精神與風骨，之於人，亦如此。「中國傳統中老莊思想的影響和現實中深重壓迫的苦難促成了文人學士內心精神的亢發，他們千方百計地想在自我超脫中滿足心理安慰」，〔註26〕歷經人世滄桑、家國巨變的八大山人與莊子筆下的散木因此產生了共鳴。

（三）其他枯木圖創作

除蘇軾所作古木圖外，關全、李成、趙孟頫、倪雲林、王庭筠、羅稚川、唐寅、石濤等也曾涉及這一題材。如王庭筠，擅作「枯木竹石」，《幽竹枯搓

〔註23〕高居翰：《中國繪畫中的政治主題——「中國繪畫的三種選擇歷史」之一》，《藝術探索》（廣西藝術學院學報），2005年第4期。

〔註24〕紫都，耿靜編：《八大山人》，中央編譯出版社，2004年版，第109～110頁。

〔註25〕具體參見朱良志：《八大山人研究》，安徽教育出版社，2010年版，第212～216頁。

〔註26〕高毅清：《元代繪畫的審美趨向與形態特徵》，《齊魯藝苑》，2001年第3期。

圖》是其現存唯一作品，在卷後作者自題：「黃華山真隱，一行涉事，便覺俗狀可憎，時拈禿筆作幽竹枯搓，以自料理爾。」〔註27〕王氏以禿鋒作幽竹枯搓圖，肆意揮灑，枝幹多有彎曲，竹葉多用側鋒繪出。畫面較蘇軾《古木怪石圖》繁雜，但一樣有蕭散枯淡之風格。他以書法入畫，筆墨凌厲，所畫枯木亦有怪誕之感，故而元明善題曰：「此翰墨可見想其揮灑凌厲之際，使人驚悚矣。」〔註28〕試看畫中彎彎曲曲的主幹，其外邊緣以濃墨渲染，內部以淡墨留白；生出來的枝幹上長滿了癭瘤，也以濃墨點出。散木扭曲盤結，枯疏粗淡，畫者的情思也於其中表現出來。

相較於王庭筠的枯疏淡漠，元人羅稚川的《古木寒鴉圖》則多了一絲陰冷與荒涼之感。如其畫名一樣，整幅畫充滿陰森荒涼之感。皚皚積雪覆蓋在冰面上，霧氣繚繞。在被海水侵蝕的海岸邊上有兩株古木佔據畫面的中心。這兩棵古木根部臃腫，主幹上布滿很多大大小小不同的樹洞，遠處還有三三兩兩的古木林立。此一片古木生出很多細小的枝幹，遠遠看上去，密密麻麻，又如龍鬚。本就顯得陰森淒涼的古木圖，又多了在古木頂端棲息著的寒鴉，不免更加怪異。羅氏筆下的這些枯木與《莊子》中那些臃腫、衰敗、蜷曲的散木一樣，於醜怪的外形之中蘊含著深刻的精神之美。無論外形如何醜陋，這些枯木都能經過畫家的藝術創造成為審美對象，只因為其中蘊藏著畫者的深切情感。

徐復觀在《中國人性史論》中表明「莊子的『無己』，讓自己的精神，從形骸中突破出來，而上升到自己與萬物相通的根源之地。」〔註29〕莊子所開拓的臃腫盤曲之散木形象超越了形骸束縛，任憑蜷曲扭結，仍舊從枯朽之姿中超脫一切。因此，枯木在繪畫中可以作為獨立的意象顯現，成為藝術作品，以水墨、線條抒寫畫家心中丘壑。

五、結　語

宗白華說：「莊子，他好像整天是在山野裏散步，觀看著鵬鳥、小蟲、蝴蝶、遊魚，又在人間世裏凝視一些奇形怪狀的人：駝背、跛腳、四肢不全、心靈不正常的人，很像意大利文藝復興時大天才達芬奇在米蘭街頭散步時速寫

〔註27〕鄧喬彬：《宋畫與畫論》，安徽師範大學出版社，2013 年版，第 361 頁。
〔註28〕上海師範大學美術學院編：《藝術史與藝術理論》，中國美術學院出版社，2004
　　　　年版，第 443 頁。
〔註29〕徐復觀：《中國人性史論》，上海三聯書店，2001 年版，第 352 頁。

下來的一些『戲畫』，現在竟成為『畫院的奇葩』。」〔註30〕莊子以其敏銳的感知力、不同尋常的視角，在悟道、體道中感知生命的內在韻律，從而不自覺地揭示出藝術創造的規律，形成獨特的審美趣味和審美理想。

支離疏等醜怪畸人、樗櫟等臃腫散木均以其形骸之內與形骸之外美醜的強烈對比，在後世文人墨客心中激蕩不已。畫論中的諸多術語，如「惡」、「媸」、「病」、「忌」、「邪」等都源於《莊子》中蘊含的這種醜怪審美精神，勿要說那些生動的怪誕人物圖與枯木圖。莊子把醜怪引進了文藝作品的領域，使醜怪可以成為一種藝術。中國藝術精神因此而得到極大解放，不必再恪守儒家所倡導的規矩繩墨、溫柔敦厚，不必再斤斤計較於對仗工整、纖巧華麗。也正因如此，從魏晉南北朝開始，雖然中國文化愈來愈追求「美」，文藝中的醜怪描寫卻並沒有因此而在中國絕跡。就這一點而言，《莊子》醜怪審美精神的源頭意義與影響不可忽略。

[註30] 宗白華：《藝境》，商務印書館，2011 年版，第 287 頁。

常州家譜所見張惠言佚文三篇

張宏波、王洪

　　清代常州著名學者張惠言（1761～1802），字皋文、皋聞，號茗柯。乾隆五十一年舉人，嘉慶四年進士，官翰林院編修，經學、文學成就甚著，於乾嘉學苑文壇，皆有聲名。其經學專精，尤擅《易》《禮》，所著《周易虞氏義》《儀禮圖》，廣被人口，嘉惠學林。其文開山陽湖文派，其詞奠基常州詞派，所著《茗柯文》《茗柯詞》自刊出，為歷代評家、選家所重，流佈甚廣。上海古籍出版社 2015 版《茗柯文編》，是在張惠言自訂《茗柯文》（四編）基礎上，增補「補編」、「外編」而成，是現今通行的張惠言文學研究的必備參考書。對於張惠言佚文的輯補，僅陳開林《清代名家佚文輯考——以周亮工、陳維崧、戴名世、程廷祚、袁枚、趙翼、張惠言為中心》一文，收張惠言為陳壽祺《左海文集》所撰《題辭》佚文 1 篇，載《重慶第二師範學院學報》2017 年第 2 期。其他未見。近檢常州族譜，得張惠言佚文三篇，按成文時序，佚錄如下，略作申說，以就教於學界方家同道。

一、莊芷坪先生墓表

　　乾隆五十七年正月十三日，莊芷坪先生卒，年七十。即於是年九月葬繆賢壩之新阡，以壙中積水，乃卜吉於嘉慶二年十月，與配吳太安人同祔葬於蘆墅先塋。於是先生之子宇遠馳書其友張惠言曰：「吾子辱與交，請表先人之墓。」惠言知先生質行久矣，曷敢辭。

　　先生中歲患噎疾，垂三十年，瀕危者數矣，懂乃得安，恒杜門

簡人事，而其宗祠舊有田產，日以落，群議主者，難其人。先生奮然曰：「吾老矣，幸而不死，請以餘生治此，他日庶可以見先人乎！」乃取出入籍，日夜鉤考之，必親仿北渠吳氏義莊約定為章規榜祠中。北渠吳氏者，自明時復庵先生中行置祠產，號為義莊，子孫至今守之，郡人比之吳范氏者也。先生既與族人約，乃釐宿弊經畫之，至忘寒暑飲食。家人固請少息，不聽。如是者歲餘，條理屬具，而先生以勞苦致疾，竟卒。

先生數歲而喪母，事考石門公四十餘年，未嘗遠左右。石門公致官家居，先生之兄曰綸渭，中進士，知武康縣，嘗迎親就官舍。然石門公尤樂先生之養，居逾年即歸。維武康君亦樂先生之能養其親也。先生以國子生應舉於鄉，再試再黜。或勸就北省試，以石門公故，不往。其後疾作，遂絕意仕進。嘗患時文流弊，定先正大家文為四集，以課其子宇逵，曰：「此庶不墮歧趨也。」手錄詩文幾尺許，丹黃不倦。嘗補《朱子綱目》中有綱無目者，僅成二卷，未脫稿而歿。石門公之卒也，以慎於營兆，久不克葬，先生常自咎責。釋服後猶執心喪，不聽音樂，及畢封樹，乃曰：「吾今背始貼席也。」

先生性狷介，無棄言，無責諾。聞人是非，若出在己。又盛氣與人言，偶及不平事，立發憤，大恚變色，氣上逆，久之乃已。讀史至賢奸倒置，往往盛怒投書起，左右皆卒愕，其得噎疾以此。及理祠事，事或不當先生意，先生盛氣忼慨，益銳身以為己責，故心力尤瘁，竟不支云。

先生諱湘衡，字耘石，號芷坪。祖諱令輿，翰林院編修。考諱柏承，以孝廉官湖南石門縣知縣。母董太宜人。莊氏世為武進顯族，自先生祖父以進士起家者，同時十餘人，至先生乃抑屈。宇逵有儁才，復躓有司，先生謂之曰：「自吾祖入翰林，以官籍解於省者六人，昔之易，今之難也。吾聞之，再實之木，其根必傷，汝好培之！」其用意如此。配吳太安人，涇縣教諭振聲之女，即復庵先生五世女孫也，有賢行，為婦也謹，為母也莊，前先生七年卒，卒之日，中外哭失聲。子一人，即宇逵，增廣生，嘉慶丙辰保舉孝廉方正，賜六品章服。女一人，壻曰董雲錦，太學生，以軍功得六品官，今發

往四川候補。孫一，啟泰。

　　嗚呼！先生不幸以疾廢於世，不得有所施設，及其事親成身，可以有立於後世矣。乃繫之以銘曰：生也親之賣，死也親之勤。執德之昌，而屯其身。其華不舅，以豐其根。

　　賜進士出身、翰林院編修愚侄張惠言拜撰。

　文載莊清華等纂《江蘇毗陵莊氏增修族譜》卷十三，乃張惠言應莊宇逵請，為其父莊湘衡所作。〔註1〕文末落款「賜進士出身、翰林院編修」，可知，文當作於張惠言授編修，也即嘉慶六年四月之後。〔註2〕據《張氏宗譜》卷三十三「大南門世表三十六世」載「（張惠言）嘉慶七年六月十二□時卒於京師」。故此文當作於嘉慶六年四月至嘉慶七年六月之間。

　　莊氏作為常州當地名門望族，科第繁盛，芝蘭玉樹。張惠言與莊氏子弟莊述祖、莊有可、莊曾儀、莊綬甲及莊氏外孫宋翔鳳、劉逢祿諸人，相識相交，對其經學研究及學術發展皆有影響。其中與張惠言往來最密者，當屬莊宇逵。兩人識於微時，交誼深厚。莊宇逵（1755～1812），字達甫，號印山。嘉慶元年，詔舉孝廉方正。其《春覺軒詩草》，存題贈張惠言詩十四首，多表現對張惠言的極高讚賞與期許，如《簡張大皋文》詩：「鸞鳳不數見，遂言世所希。豈期煙霄間，日夕相娛嬉。迴翔極千仞，夐與燕雀違。不有離朱明，安識五采翬。決雲下鵬雛，如雲之下垂。始知皇崖天，中有高鳥飛。鵬雛尚不見，鸞鳳誰能窺。」〔註3〕莊宇逵《春覺軒詩草》是目前所見，張惠言親故友朋別集中，涉與其交遊最多者；而張惠言《南華九老會倡和詩譜序》〔註4〕《莊達甫無名人詩序》〔註5〕《莊達甫攝山採藥圖序》〔註6〕皆為其所作，足可見兩人交誼甚篤。

　　同書卷二十一，另有《敦坡莊君傳》一文，是張惠言應莊軫請而作。經

〔註1〕莊清華等纂修，毗陵莊氏族譜〔Z〕，鉛印本，國家圖書館藏，1935年。
〔註2〕中國第一歷史檔案館：嘉慶朝上諭檔〔M〕，第6冊，桂林：廣西師範大學出版社，2001年，第154、156頁。
〔註3〕莊宇逵，春覺軒詩草〔Z〕，刻本，國家圖書館藏，1815年。
〔註4〕張惠言，茗柯文編〔M〕，黃立新校點，上海：上海古籍出版社，2015年，第64～66頁。
〔註5〕張惠言，茗柯文編〔M〕，黃立新校點，上海：上海古籍出版社，2015年，第66～67頁。
〔註6〕張惠言，茗柯文編〔M〕，黃立新校點，上海：上海古籍出版社，2015年，第119～121頁。

核，即《茗柯文編》二編《濟南知府莊君傳》。〔註7〕莊軫，字叔枚，常州陽湖人。為文奔放恣肆，有司以為狂，屢困場屋，未有科名。事具陸繼輅《崇百藥齋文集》卷十七《莊叔枚墓誌銘》。〔註8〕嘉慶五年，莊軫在京師，與董士錫從學張惠言，因得請張惠言為其父作傳。此外，同樣見諸常州族譜，且被《茗柯文編》收錄者，另有《皇清敕封文林郎浙江富陽縣知縣惲君墓誌銘》一篇，載惲祖祁等纂《惲氏家乘》卷十四，應惲敬請為其父惲輪所作。〔註9〕即《茗柯文編》二編《封文林郎惲君墓誌銘》。〔註10〕在此亦不錄文字，略作考釋。揆諸張惠言生平，文中所言「今年春以卜葬吾母」，即《先妣事略》所云：「先妣以乾隆五十九年十月十八日卒，年五十有九。以嘉慶二年正月十二日，權葬於小東門橋之祖塋，俟卜地而窆焉」之事。〔註11〕與文中「（惲輪）以嘉慶元年十一月辛酉卒，年六十有三。其明年十一月戊辰，葬於祖考兆南左所居之北，西三里」正相吻合，該文作於嘉慶二年，當無疑義。

　　惲氏，常州世家之一，惲輪「祖考皆不仕」，但惲輪以經傳授鄉里，教育其子，不墜家聲，長子惲敬更是以文名天下。張惠言與惲敬〔註12〕，於乾隆五十二年春，訂交於京師。自訂交始，惺惺相惜，友誼日篤，情誼日深。二人既有同鄉之誼，又於古文創作上，同聲相應，同氣相求，故與李兆洛、陸繼輅等人，區別於桐城派，自出機杼，別開門徑，對乾嘉及其後的古文創作產生影響，張之洞名之「陽湖派」。張惠言《送惲子居序》有云：「凡余之友，未有如子居之深相知者。詩曰：『無言不讎』，子居之益余多矣。」〔註13〕惲敬亦最愛惠言，賞歎讚頌「皋文最淵雅」「皋文寡欲多思」。〔註14〕惲敬所撰

〔註7〕張惠言，茗柯文編〔M〕，黃立新校點，上海：上海古籍出版社，2015年，第83～85頁。

〔註8〕陸繼輅，崇百藥齋文集//清代詩文集彙編〔M〕，第506冊，上海：上海古籍出版社，2010年，第207～208頁。

〔註9〕惲祖祁等纂修，惲氏家乘〔Z〕，光裕堂刻本，遼寧省圖書館藏，1917年。

〔註10〕張惠言，茗柯文編〔M〕，黃立新校點，上海：上海古籍出版社，2015年，第85～86頁。

〔註11〕張惠言，茗柯文編〔M〕，黃立新校點，上海：上海古籍出版社，2015年，第97頁。

〔註12〕惲敬（1757～1817），字子居、簡堂。江蘇常州人。乾隆四十八年舉人，歷任浙江富陽縣知縣、江西新喻縣知縣、吳城同知。有《大雲山房文稿》《子居決事》。事具吳德旋《初月樓文抄》卷八《惲子居先生行狀》。

〔註13〕張惠言，茗柯文編〔M〕，黃立新校點，上海：上海古籍出版社，2015年，第28頁。

〔註14〕惲敬，惲敬集〔M〕，萬陸、謝姍姍、林振嶽標校，上海：上海古籍出版社，

《張皋文墓誌銘》〔註15〕，是考證張惠言生平的重要文獻。張惠言為母請銘於惲敬，惲敬為父請銘於張惠言，不僅是對彼此古文的肯定推重，更是兩人深情厚誼的證明。

二、增修世譜序

嘉慶六年二月，族兄士賢郵書都門，曰：「祠所以敬宗，譜所以收族。我先賢祠之建於殷薛里者，春秋官祭，士賢大宗也，實奉其祀。先世以來，屢修宗譜，距今又數十年。吾懼其久而墜軼也，不揣檮昧，踵修其業，幸而有成。不他人請，獨請吾子一言弁其首，以族之通知史學者，莫如子；覃精譜學者，亦莫如子也。」

余閱其所為譜，辭不崇華，事惟據實。昔永叔撰譜，亡其名者存其世，茲則完備而無闕略之憾也。老泉記族譜亭，不孝者面熱而內慚，茲則嘉善而無非種之鋤也。明祭事，所以紀世澤也；凜祖訓，所以遵先德也。有功於族，有聞於時者，始列傳；否則，列其行次而已，重才猷也。婦而柏舟自矢，與女而孀居守志者，亦為傳；否則，書其母家與所適之氏里而已，崇貞節也。其體嚴，其例覈，庶乎得良史之法，而有功於宗族者矣。是不可以不敘。

敘曰：譜牒之學，源於世本，衍於魏晉，盛於齊梁。古來私家之牒，皆上之官。齊梁之間，不過百家。唐高宗命高儉、岑文木等，撰《氏族志》。至元和時，林寶因之，以為《姓纂》。韋述、蕭穎士等，撰《宰相甲族》。歐、宋即用之，以修《唐書》。其系必真，其事必實。乃近今之為譜者，或虛張勳伐，而考諸信史，竟無其名。或杜撰頭銜，而稽諸職志，竟無其官。或攀附文人，而質諸全集，竟無其制。踵訛襲謬，恬不知怪，非所以敬宗而收族也。譜何以善，以世次可承者為始；否則，略之。

按世系，殷薛之先，范陽人，至文獻公乃大顯，及宋魏國公又大顯。長子宣公諱栻，嘗講學於殷薛之城南書院，即今建祠處。次子學士公諱杓，曾孫制置使諱烈良，與從子朝奉郎諱鏵，舉宗勤王，一門殉難。惟有子諱庸者，客居廣陵得免。初，朝奉郎知宋祚將危，命其

2013 年，第 135、145 頁。

〔註15〕 惲敬，惲敬集〔M〕，萬陸、謝姍姍、林振嶽標校，上海：上海古籍出版社，2013 年，第 229～231 頁。

子諱祿者，抱祭器、世譜，避地城南，至是自廣陵就居焉。此殷薛張氏兩大支之所由來也。終元之世，隱處不仕。入明，乃列膠庠，有顯者至於今勿替，子孫城鄉散處，各蕃衍盈千。老泉不云乎：「吾所相視如塗人者，其初兄弟也。兄弟其初，一人之身也。夫以一人之身，分而為塗人，而欲以分為塗人者，複合而為一人。非統之以祭祀，合之以譜牒，其何道之從？是以宗之有廟，族之有譜，善為家者所必先也。」

我張氏於唐，則著相業，於宋，則傳道學。為子孫者，數典而忘其祖，可乎？士賢上承先志，合而譜之。於有餘年之文獻，悉包舉而無遺，可謂賢子孫矣。惠言夙有志於譜學，乃以備員史館，不克一親校讎之事，吾宗人其諒我哉！讀是譜者，各深水源木本之思，其勵孝悌忠信之行，則是譜之作，垂諸無窮。熙甫歸氏曰：「非徒譜也，求所以為譜者也。」此則余之所厚望也夫。

文載張廷耀等纂《張氏宗譜》卷一，乃張惠言應其族兄請，為《張氏宗譜》所作。〔註16〕據文中「嘉慶六年二月，族兄士賢郵書都門」，可知此文當作於其後，張惠言亡歿於嘉慶七年六月，故此文大致作於嘉慶六年二月至嘉慶七年六月之間。此時，張惠言由庶吉士散館，授編修，居京師。

考諸《張氏宗譜》，張氏先祖張栻，〔註17〕宋右文殿學士，所稱南軒先生也，曾「講學於殷薛之城南書院」。後張氏因世亂，避地常州城南殷薛里，遂居於此。後由殷薛里又遷德安門外。張惠言《先府君行實》言，張端之前，「譜牒廢，世不可紀」，以張端為南門德安里始祖，是為「大南門張氏」。一世祖張端，〔註18〕二世至八世祖，依次為繼宗、欽、洲、宏道、文駒、以鼎、

〔註16〕張廷耀等纂修，張氏宗譜〔Z〕，世恩堂木活字本，常州家譜館藏，1947年。

〔註17〕湯成烈等纂，光緒《武進陽湖縣志》卷二十七載：「張栻，字敬夫，廣漢人。丞相濬子也，以廕補官。孝宗即位，濬起謫籍，開府治戎。栻時以少年，內贊密謀，外參庶務。濬沒，久之，召為吏部侍郎，尋兼侍講，除左司員外郎。明年，出知袁州。栻嘗過常州，時晁子建知州事，修多稼亭，延栻憩焉。其後復來講學於城南殷薛里，學者咸往就正。題書齋桃符云：『春風駘蕩家家到，天理流行事事清』，蓋自道也。」

〔註18〕《張氏宗譜》卷三十三「大南門世表二十五世」載：「端，木子，又諱端，字揆序，號近樓，行一。自殷薛遷居於德安門外。正統五年（1440）五月廿四巳時生，宏治十年（1497）八月初八卯時卒，壽五十八。娶王氏，正統八年（1443）十一月十一子時生，嘉靖元年（1522）四月十一申時卒，壽八十。合葬小東門新阡。子繼宗。」

銘傴。高祖采，〔註19〕祖金第，〔註20〕父蟾賓。〔註21〕大南門張氏雖非高門望族，然世代業儒，不墜清名。

　　張惠言年壽不永，生平無大波瀾，但品性清高自持，純摯懇戀，學術成就卓異，頗具是時常州文士人品學行的典型性。但因其嘉慶四年中進士，六年授編修，七年即歿，因此官方檔案資料中極少見其人生平、事蹟。故而張惠言親戚友朋，如張琦、董士錫、莊宇逵、惲敬、王灼、鮑桂星諸人族譜、別集、手札等文獻，是較為穩妥可靠的張惠言生平研究資料來源。總體而言，學界對張惠言生平家世的研究明顯不足，一直處於薄弱狀態，這與張惠言在清代文學史、學術史的地位殊不相稱。民國常州《張氏宗譜》無疑是張惠言生平家世研究最重要的文獻資料，由此入手，可對張惠言生平家世進行細密詳盡的考察與訂補，從而為其文學與學術研究提供更多的佐證與支撐，進而推進其人其學的總體研究。

三、陋齋公傳

　　公諱洽，字叔遠，號陋齋，貞戌公之三子也。幼敏慧，強學力行，無間寒暑。弱冠時，即明君臣大義。洪武中，以善書薦授吏科給事中，憂去。建文中，起覆文選司郎中。靖難後，升右侍郎，轉

〔註19〕《張氏宗譜》卷三十三「大南門世表三十三世」載：「采，銘傴長子，原名行徽，字文復，又字曦霞，邑庠生。康熙二年（1663）四月十五子時生，雍正十二年（1734）十月廿六卒，壽七十。葬二解元墩千里公墓，昭穴。配庠生楊子起女，順治十八年（1661）八月初二戌時生，康熙六十年（1721）八月初五卒，壽六十一。先葬書圖祖塋，穆穴。子金第。」

〔註20〕《張氏宗譜》卷三十三「大南門世表三十四世」載：「金第，采子，字政誠，天津郡庠生，以孫惠言貴，覃恩貤贈文林郎。康熙二十八年（1689）二月廿二日生，雍正壬子（1732）十一月十五日，卒於京師試寓。中翰許宏聲文繡殯之，送柩南歸，葬於千里公墓，穆穴。娶白氏，刑部尚書康敏公曾孫女，庠生渭占女，貤贈太孺人。康熙三十五年（1696）十月初六生，乾隆二十四年（1759）二月廿二卒。合葬解元墩，穆穴。子三，思楷、蟾賓、瑞斗，經書皆孺人口授。女長適觀莊趙希聖子鵬程，次適五牧邵榛。」

〔註21〕《張氏宗譜》卷三十三「大南門世表三十五世」載：「蟾賓，金第次子，字步青，一字雲墀，邑廩生。嘉慶五年（1800）覃恩封公，如子惠言職。咸豐元年（1851），孫貴，晉封奉政大夫。雍正五年（1727）二月十七戌時生，乾隆癸未（1763）八月廿三未時卒。娶庠生薑青甸女，苦節三十一年，欽旌建坊，同公晉封太宜人。乾隆丙辰（1736）九月廿五生，乾隆甲寅（1794）十月十八亥時卒。合葬丫義鋪新阡，壬丙向。子二，惠言，次琦。女適廣東昌化縣知縣董開泰子達章。」

大理寺卿。討交趾，出參軍兼給餉。交趾平，覈將士功罪，建授土官，經理兵食，分守隘塞，剖決如流，皆中款會，升禮部左侍郎，都察院左都御史。是時，黃尚書兼掌布、按兩使事，寬大專意撫輯，而公振拔才能，教以禮義，交人悅服，升吏部尚書，都察院右都御史參贊。未幾，內官馬騏苛征暴斂，交賊復叛。攻交州城，敗狡設伏以誘。公以不可出告主帥，不聽。公奮身力戰，遂遇害。事聞，上曰：「大臣以忠殉國，一代幾人？」特贈太子少保，兵部尚書，都察院左都御史。賜諡節愍公，蔭其子諱樞，為刑科給事中，廷鞫王通失律罪，論死奮劵，籍沒。

公與兄濟、濬同胞，長兄濟。公被召，與姚廣孝、胡儼等同修《永樂大典》，而濟實總裁之。父貞戍公性孝友，品行端方，篤學南畿。訓公精忠護國，以安民心。公受父訓，守道守法。乙亥，父貞戍五開以歿，公去官至家，時五開蠻寇竊發，公匍匐往歸父喪，哀毀過甚。蓋公精忠掀揭，以是氣作之於前；藩臬公觀光揚烈，以是氣述之於中；而光祿君興廢舉陰，以是氣繩之於後。堂堂正氣，浩浩長存，而蠹蠹馬鬣，千萬祀可垂矣，猗歟盛哉！

嘉慶七年，歲次壬戌，孟春之吉，賜進士第、翰林院編修、欽命盛京篆寶、實錄館纂修兼武英殿協修張惠言拜撰。

文載陳潤宗等纂《毗陵陳氏續修宗譜》卷七。〔註22〕文末注明：「嘉慶七年，歲次壬戌，孟春之吉」，也即成文時間為嘉慶七年正月。

毗陵陳氏，開族於漢，常州世家望族之一，代有聞人，名垂國史，彰彰可考。張惠言文中所言「陳洽」，《明史》有傳（《明史・卷一百五十四・列傳第四十二》），為鄉賢楷模。《毗陵陳氏續修宗譜》卷一之各人序言，亦多有提及：「明大司馬諡節愍諱洽，以忠節靖國」（彭啟豐《毗陵陳氏重修宗譜序》）；「有明永樂、宣德間，叔遠公諱洽，三征交趾，屢立奇功」（陳永齡《續修潁川陳氏宗譜序》）。常州一地，歷來重道崇節。「晉陵亦江以南也，薦紳先生以及布衣韋帶之士，獨以名節自衛，以道義相追琢，彬彬質有其文，為東南鄒魯」。〔註23〕而道莫重於綱常，節莫大於忠義，毗陵人對忠義，表現

〔註22〕陳潤宗等纂修，毗陵陳氏續修宗譜〔Z〕，映山堂刻本，國家圖書館藏，1904年。
〔註23〕楊印民，石劍點校，常州人物傳記四種 // 常州歷史文獻叢書〔M〕，第 2 輯，

出非同一般的推崇與珍視。而忠義之士，代不乏人。「毗陵，古常郡也。而城以忠義名，天下所無也，而吾常有焉」；「蓋常有泰伯、季子之遺風，自古高節所興，由克遜以立風俗，君子尚義，庸庶厚龐。漢魏而降，衣冠南渡，禮儀之俗寢盛。逮至趙宋，又以忠厚立國，當時臣民咸有忠君愛國之心，而常之人才風俗愈盛，獨異它郡」。〔註24〕故當時常州名士趙翼、管幹貞、莊通敏、洪亮吉、孫星衍、張惠言，及當時地方官員金雲槐、費淳等，各展其能，為陳氏宗譜作序撰文，良有以也。

張惠言矜於文字，對自己作品汰擇極嚴，從《茗柯文》《茗柯詞》可見一斑。正如其弟子陳善所言：「先生之定前編時，方深造於《易》《禮》之學，將欲鉤深致遠，以立言不朽，故其所撰著僅有存者。」對於張惠言自訂《茗柯文》四編未收錄者，陳善認為：「先生之文，雖有深有淺，有原有委，無往非道之所散見也，可以其緒餘而棄置哉？」〔註25〕此三篇佚文，或僅屬應酬文字，而非能傳世之學術文章，仍具有較高的文獻價值。值得注意的是，同類文字，《敦坡莊君傳》（即《濟南知府莊君傳》）《皇清敕封文林郎浙江富陽縣知縣惲君墓誌銘》（即《封文林郎惲君墓誌銘》）兩篇收入《茗柯文編》，此三篇卻未收，未審何故。概因此三篇皆作於嘉慶六年至七年之間，未及收錄，張惠言即亡歿。

常州作為張惠言的出生地，其地域文化、士族人物，勢必對張惠言性情品行、人際交遊、學術道路產生不可忽視的影響，承載其人生中最重要的人際關係。因此，藉由常州家譜輯出的此三篇佚文，可探察張惠言與常州陳氏、莊氏家族之間的關係，更可為張惠言古文創作及生平交遊研究、常州文人與地域研究，提供新的線索與佐證。

　　　　南京：鳳凰出版社，2015 年，第 95 頁。
〔註24〕楊印民，石劍點校，常州人物傳記四種 // 常州歷史文獻叢書〔M〕，第 2 輯，南京：鳳凰出版社，2015 年，第 5 頁。
〔註25〕張惠言，茗柯文編〔M〕，黃立新校點，上海：上海古籍出版社，2015 年，第 271 頁。